谜文库 | 世界是一个谜语

帕慕克们怎样读书

南桥 著

华东师范大学出版社

图书在版编目（CIP）数据

帕慕克们怎样读书／南桥著.
—上海：华东师范大学出版社，2016.
ISBN 978-7-5675-5042-1

Ⅰ.①帕… Ⅱ.①南… Ⅲ.①书评—中国—现代—选集
Ⅳ.①G236

中国版本图书馆 CIP 数据核字（2016）第 075373 号

帕慕克们怎样读书

著　　者　南　桥
责任编辑　顾晓清
装帧设计　周伟伟

出版发行　华东师范大学出版社
社　　址　上海市中山北路 3663 号　邮编 200062
网　　址　www.ecnupress.com.cn
客服电话　021-62865537
邮购电话　021-62869887
网　　店　http://hdsdcbs.tmall.com/

印 刷 者　苏州工业园区美柯乐制版印务有限责任公司
开　　本　890×1240　32 开
印　　张　9
字　　数　171 千字
版　　次　2016 年 4 月第 1 版
印　　次　2016 年 4 月第 1 次
书　　号　ISBN 978-7-5675-5042-1/I.1507
定　　价　36.00 元

出 版 人　王　焰

自序

十年来，我换过三个工作，其共同点是：办公室都在大学的“黄金地段”——图书馆里。我又经常去逛书店和公共图书馆，当“书探”。于是，近水楼台先得月，每天都在和新书打照面。

不少书国内后来陆续翻译引进，其中有的是出版社看到我的书评后去联络作者的。有的可能永远不能翻译，不过我看完后有感触的，总要写些书评。十年来我写的书评，散见于《世界日报》、《南方都市报》、《东方早报》、《经济观察报》等各种报刊。一直想汇聚成集，这也应该是我最有“营养”的集子——不少书评把书的精华部分给“剧透”了，等于是一块闲书压缩饼干。

问题是这些书评实在是杂乱无章，我自问此书作出了哪些回答，结果如下：

- 为什么高质量的劣评反可能提高产品售价？
- 怎样在招人的时候避开“武大郎开店”的局面？
- “认识你自己”真能解决什么问题吗？
- 常春藤学校都有哪些富贵病？
- 产生了“同情心疲劳”怎么办？

- 美国大熔炉中优秀族群都有哪些秘诀？
- 在中国的“华漂”们都在干些什么，想些什么？
- 去印度旅游怎样？
- 为什么要给有强奸前科的人建立数据库？
- 以“水生万物，万物复归于水”知名的哲学家泰勒斯怎么会脱水而死？
- 现代儿童最缺的是什么？
- 为什么杂乱一点有利于创意？
- 为什么有偿采血效果反而不如无偿献血？
- 维基百科的精神是什么？
- 日常事物设计的原理是什么？
- 为什么美国人这么喜欢呆伯特？
- 自媒体和纸媒体相比好在哪里？
- 为什么1969年那么多事？
- 啥叫“土狼资本主义”？
- 为什么退休总统小布什会“内牛满面”？
- 新生组织如何造势？
- 培根之死和母鸡有什么关系？
- 美国大学有什么腐败？
- 为什么某大学捐款的附带条件是用兰德的《阿特拉斯耸耸肩》作为商学院教材？
- 兄弟之间应该是什么关系？
- 写小说的村上春树干嘛要跑步？
- “剪刀锤子布”能解决困境下决策的问题吗？
- 毛驴能教会我们什么？

- 美国人凭什么这么喜欢盖瑞森·凯勒？
- 媒体论什么冷和热？
- 为什么左撇子可能更有创意？
- 为什么衣阿华是美国的科威特？
- 中国的管理经验是什么？
- 为什么机遇平等更重要？
- 从华盛顿特区东南部乘坐地铁去马里兰州的蒙特哥马利县，地铁每走一英里，地铁经行社区人们的平均寿命就增加一岁，为什么？
- 在《纽约客》做前台是什么滋味？
- 为什么麦肯锡喜欢把问题说成“机遇”？
- 哈佛学生为什么要去西部杀牛？
- 中产阶级闲得慌怎么办？
- 不幸的家庭就一定会产生不幸的孩子吗？
- 帕慕克怎样读书？
- 为什么美国生活的主流在小镇？

大部分单独书评都被编辑看好，可是放一起怎么办？这让我苦恼了几年。前天晚上我一劳永逸地解决了这个问题：

女儿去一学校排练小提琴演出的时候，我去附近书店，看到一本畅销书，叫《无用信息之书》（*The Book of Useless Information*）。我居然在那里翻得舍不得走。书非常畅销，而且出了系列。我大受启发，这年头人们读书太功利。其实有趣有料而貌似“无用”的书多得是。我这些书评，就当中国版的《无用读物大全》（*The Book of Useless Reading*）吧。这书评集等于是一个好奇的外星人来到地球后，想了解人类到底咋回事，我给他布置的作业是去各图书馆新书柜台，翻看各种杂书，从中了解人类的奥秘，然后给我分别写一读后感，我估计结果就会类似于本书吧。

顺便说一句，大家知道林肯的妈妈是怎么死的吗？《无用信息之书》里说了。了解这个信息重要吗？不重要。但是人活着失去了好奇心还有什么意思？

目 录

教育篇

历史篇

社会篇

教育篇

粘得住的学习

在全世界范围内，关于教育的讨论，我们几乎每天都能从报纸杂志或电视、网络上看到。但是关于学习过程和方法的讨论，则少得多。我曾看到一漫画，上面小男孩甲对乙说："我教我们家小狗吹口哨了。"男孩乙说："我怎么没听过它吹?"男孩甲说："我说我教了，我没说它学会了啊。"教不能有效地转化为学，教育者为之苦恼，学习者也感到头痛。因此，一旦有新奇的"学习法"出来，则被社会热捧。以外语学习为例：笔者上高中的时候，扶忠汉先生的双向式英语学习法风靡一时，《光明日报》罕见地给了两个全版，刊登其演讲。再后来，李阳的疯狂英语学习法，在全国范围内再次引起英语学习热潮。其方法偏颇，屡被质疑，却居然长期生存。若非李阳家暴的负面新闻，该学习法的影响可能还要持续多年。

市面上的诸多学习法效果罕有实际证明。如此同时，教育和心理学研究中，对于什么学习方法有成效，有很多实证研究。这些研究在美国传播得极快。原因之一，是《时代周刊》、美国公共广播电台等大众传媒，时常会刊载这些研究成果。也有一些人，如安妮·墨菲·保罗（Annie Murphy Paul），常会去梳理此类研究，并用通俗易懂的方式介绍给大众。经过这些介绍，一些研究随即四处传播，并在教育中实际使用起来。

而在中国，这种研究往往缺乏实际推广，仅仅困在象牙塔中。一来社会上有个非常反智的不良倾向：大家因为少数专家教授的不良行径，将孩子和洗澡水一起泼掉，不相信他们说的任何东西。专家被称作“砖家”，教授被称作“叫兽”，他们有用的成果也被束之高阁。要说学术论文的产量，中国也算是大国。可是究竟有几项真正进入教学应用？与此同时，学习者继续在黑暗中摸索，并奔向吆喝声最大的教育投机商。

前不久，学校心理学教授鲍勃·迈克尔文（Bob McKelvain）教授走到我们几个课程设计人员中间，拿来一本书，说：“我已经被这本书取代了。”他长期从事认知和学习策略的研究，而这本书总结了近来关于学习策略的诸多成果。这本书便是《粘得住的学习》（*Make it Stick*）。

此书总结了很多认知科学中被实践证明为有效的结论，可帮助学习者更好地学习，也可帮助教育者更好地组织教学。比如书中认为，“回顾”（retrieval）是一个非常出色的学习方法。一些学生为了熟悉书中的内容，不断重复阅读。书中认为，划线、重读这些学习方法使用非常广泛，但是效果也最差。而利用自测或者小测验来“回顾”，则非常容易巩固学习效果，让学习内容“粘”到长期记忆当中。

可是为什么人们会重复阅读呢？重复阅读会造成一种假象，让我们认为我们已经知道，但是我们实际上并未掌握。作者区分了“知道的幻觉”（illusions of knowing）和实际上的理解。很多人学习一样东西，会像鬼打墙一样在同样的地方原地转圈。其原因之一，是一些学习者没有把概念或者技能真正掌握，而因先前的接触（比如看过，背过），而误以为知道，思维不知不觉封闭起来，大脑无法再去吸收，下回遇到还不懂，还得从头再来。另外，一些个人经历，包括心理创伤，会扭曲我们的记忆，甚至产生张冠李戴的错觉。同样，一个知识渊博的人，也可能因为先前的知识，思维固化，无从拓展新知。学习是很理性的事，需要拒绝直觉的诱惑，依据实际的证据和审慎分析，去处理一个思维上的问题。人的直觉、本能和记忆往往并不可靠，很多宣扬直觉论的人，往往是缺乏分析和思考的方法，而把直觉和本能，作为自己的挡箭牌而已。此书告诉我们如何系统地打破各种记忆的幻觉、想象的扭曲和直觉的误导。其终极目的，是把可靠的、基于事实和分析的知识，托付给我们长期的记忆——亦即我们最为重要的学习。

书里还给出了练习方法的具体指引。和我们的死记硬背说法不同的是，作者从研究中发现，同类题目集中练习，效果不如不同题目的混合练习。前者对于短期记忆有效，但是无法进入长期记忆。前者也使得学习过程十分枯燥，比如英语学习中对同样的习题反复操练。而今新发明的一些电脑或者移动应用程序，如语言教学的Duolingo，就是采用这种“插花练习”的方法，去增强学习效果。学生不会一下子把动词不定式学完，才进入到下一步学习。事实上学习的“循序渐进”是一个浪花般后浪推前浪的重叠前进过程，不是不同知识排队接受学习的过程。不同内容的迂回与迭进，也使得学习多了一些多样性和趣味性。

在学习的难度、学习者风格、思维韧性训练等诸多方面，此书对当前所有的一些认知科学研究也都有比较全面的总结。阅读过程中，我不时感慨，过去的学习当中，由于方法不当，我都走过了多少弯路。我想没有人会去反对学习，关键还是大部分人在学习的过程中是不得法的。有时候我们把自己的毅力，视作学习的动力。问题是大脑有大脑的规律，你野心再大，也不会转化为学习能力。强化学习的能力，只能去重新认知我们大脑的好恶。我们得把大脑当成一个宠物一样去养，去认识到它的脾气和特性，知道它什么东西能吃什么东西不能吃，这样我们才有成为“学霸”之可能。

此书也有很大篇幅介绍记忆。开篇甚至引用了埃斯库罗斯的一句话：“记忆是一切智慧的母亲。”能有这样的侧重，是需要一些勇气的，因为在美国布鲁姆的学习分类论影响很大。在此分类中，记忆通常被视作“低端技能”——这也往往是西方学者看不起东方式“死记硬背”学习方法的一个原因。但万丈高楼平地起，回避低端技能去建造高端技能也是靠不住的。此书作者认可低端和高端思维技能之间的关联，而不是将其割裂，这是一个非常宝贵的倾向。

此书也没有学术图书的晦涩。作者亨利·瑞迪格（Henry Roediger）和马克·迈克丹尼尔（Mark McDaniel）是认知科学家，而另外一位作者彼得·布朗（Peter Brown）是小说作家。这样的“锵锵三人行”，是要将认知科学的发现，以通俗易懂的故事形式，传达给大众。

绕开常春藤

在美国，追求上常春藤的华人家长很多。常春藤学校是指布朗大学、哥伦比亚大学、康奈尔大学、达特茅斯学院、哈佛大学、普林斯顿大学、宾夕法尼亚大学和耶鲁大学。这八所大学都在美国东北。其他很多地方也有一些名校，如德州的莱斯大学、加州的斯坦福大学、佐治亚的埃默里大学，它们却不是藤校。为什么藤校都在东北呢？因为“常春藤”本来是美国大学体育联盟的东北分区而已。到如今，这些学校更以学术闻名。上了常春藤学校家长有面子，有时候是藤妈藤爸们冲着这些学校的要求，缺什么补什么，一路拖着拉着让孩子们上的。据说有不少孩子上了藤校之后读得很吃力，有的很忧郁。

这些常春藤学校到底好在哪里？它们之间又有什么区别？有人曾问耶鲁大学英文教授威廉·德雷谢维奇（William Deresiewicz）上哈佛、斯坦福还是耶鲁比较好。毕业于哥伦比亚、任教于耶鲁的德雷谢维奇在新近出版的《优秀的绵羊》（*Excellent Sheep: The Miseducation of the American Elite and the*

Way to a Meaningful Life）一书中反问："你喜欢深红色、鲜红色，还是宝蓝色?"这三种颜色分别是这三个学校的标识颜色。意思是说，这些学校除了这些颜色，其实大同小异。它们相互之间的排名，今年上几名，明年下几名，其实根本没有多大影响。

除了在同一体育联盟分区内、知名度比较高之外，这些藤校还有个共同点，是比较自恋。这些学校通过无所不在的颜色、标识和球队、社团活动，彰显各自身份。虽然这些藤校外表上有特色，但在内里，都被作者视作"失去了灵魂的地方"。在这里就读的学生没有使命和目标感，自我膨胀、自我中心、自以为是。国内也是这样，我曾加入一读书群，发现群里有名校毕业的学生自我膨胀到目中无人的地步，除了自己的粗鲁之外，别的好像什么都知道。这样的名校生，作者轻蔑地称之为"优越感爆棚的小王八"（entitled little shit）。他们出现的地方，他人敬而远之，最后他们的圈子开始同质化，成了大家互相拍肩膀的哥们俱乐部，这对他们的发展不利。没有这些标签的人，在人生道路上攻城略地，方方面面成就自己。有些藤校生一辈子最大的成就，只是上过某藤校。

上藤校的人，熟悉的是一套适合在藤校成功的套路。他们一路学习成绩拿 A，参与各种社会活动，彰显自己的"领导力"，或扩大"社交网络"，忙得团团转，但是没有发自内心的参与。此前的申请阶段，也按照这种方法预备。他们参与各种课外活动，蜻蜓点水地去做“义工”。按照名校的要求逐项打勾完成，好比是在完成某个游戏。作者的同事、“虎妈”蔡美儿，就对这套游戏的规则了如指掌，并按这规则培养孩子。她说自己用的是中国教育方法，但作者一语道破天机，说这其实是美国中上阶层培养的方法，中国教育方法躺着中枪而已。虎妈非常反感自己婆婆那种宽松、鼓励式的“美国教育”方法，但她婆婆培养出来的杰德·鲁本菲尔德（Jed Rubenfeld）极其优秀，是美国著名宪法专家、耶鲁大学法学教授，还是一个小说家。蔡美儿选择嫁给他，无意中是接受了她婆婆教育方法的产物。

上了藤校的学生“优秀”惯了，升学后会选择比较稳妥的、保证能拿A的课程，而不去费劲寻找真正值得学习、但有可能拿不到好成绩的课程。这就成了“好学校糟蹋教育”的局面。藤校学生输不起。这种心态，使得人的思维以后会长时期受到束缚。在中国社会，游戏规则和学校还不尽相同，此问题更突出。名校毕业的学生思维，不适合他们玩剑走偏锋的游戏，最后有些人只能给那些杂牌学校的毕业生，甚至初高中毕业生打工。

名校的教育，让人变得和现实脱节。作者三十五岁那年，家里叫来一个水管修理工，他突然发现和修理工没法说话，连几分钟的家常都聊不起来。他很多年的精英教育，让他和社会严重脱节。而政坛这种现象更普遍。竞选美国总统的戈尔和克里，分别毕业于哈佛和耶鲁，但是却没法和广大选民有效沟通。这个现象，中国有个词语叫“书呆子”，此书中有个词叫“藤校弱智症”。小布什虽然也毕业于藤校，但他未曾失去标志性的“常识性聪明”（street smart），能和选民拉近关系。名校生的那种高高在上心态，有时候能让他们当出色的经理人，但妨碍他们当领导。一个经理人对着已有的靶标，可能会射得很准确。而一个领导者需要对着还看不见的靶标瞄准，甚至要把尚不存在的靶标描绘出来。这时候远见和方向感很重要。老布什竞选的时候，他的对手、哈佛法学院毕业生迈克尔·杜卡基斯（Michael Dukakis）曾称，竞选“无关意识形态，只关系到能力”。老布什回答说：“能力让火车准点行驶，但是不知道驶向何方。”

指出名校这些问题之后，答案是什么呢？作者推荐美国公立大学系统。说这里有真正的“多元性”，而不是精英私立大学那种人为的“多元性”。作者认为常春藤学校在种族、肤色、性别上的多元化做得不错，但经济上并不多元，学生中有钱的孩子居多。而人受教育过程中，为了未来的考虑，必须设法接触不同阶层的同学，包括家里条件很差的同学，这是走上社会之前，成为一个社会人的必要预备。

在学风上，公立大学现在也严格了一些。藤校老师的首要任务是搞科研，不愿意在教学上太花时间，学生也成全，尽量不去找他们。错过了考试时间，老师投桃报李，重给机会，让其过关，师生间形成互不得罪的默契。在这种以肯定为主的文化氛围下，学生成绩逐年膨胀。20 世纪 50 年代，美国公立大学和私立大学的平均成绩积分（GPA）为 2.5（满分是 4）。2007 年，公立大学是 3.01，私立大学上升到了 3.30，而在一些顶级名校，平均积分为 3.43。

而在公立学校，老师反而更严格——或许他们不必担心得罪未来校友，也不必担心伤害学生的脆弱自尊。这些学校没有那些“研究型大学”那么看重研究，而是更看重教学，所以老师对学生个人关注也会更多。在学生日后申请研究生、基金或者工作的时候，公立大学的学生常有更好的推荐信。藤校老师可能连学生是谁都不知道。藤校财大气粗，但老师数量并不多。课程上，学生缺乏个人化关注。哈佛大学的埃里克·马祖儿（Eric Mazur）发现他的物理学大课上，学生很多概念搞不懂，他又没有办法一个个去辅导，于是他发明了“互助学习法”，让学生之间相互教授。因老师关注不够，有的哈佛学生称哈佛是“世界上最好的自学场所”。

作者推崇公立大学的做法值得赞赏。这几年我每年都参加美国高等教育信息化（EDUCAUSE）年会，发现公立学校也因经费缩减等原因，革新众多，多向着好的方向发展。公立大学的网络更庞大，比如纽约大学系统下，有六十多个校园，合作和交流的机会非常之多。在前两年的一次年会上，我还听到哈佛大学商学院教授克莱顿·克里斯滕森（Clayton M.

Christensen）以开玩笑的方式，请大家“为哈佛祈祷”，因为他和凤凰城大学合作之后，对其网络教学的设计大为赞赏，也对他们传播之广叹为观止。他感叹哈佛的教学模式也未必能赶上这网络时代的需要了。在这个选择众多的时代，藤校不是最好的选择，也不是唯一的选择了。

抛开精神、学术这些因素，从现实角度考虑，藤校可能会让人负债累累，多年不得翻身，人生的很多事情（如买房、成家）滞后或是严重受影响。中国人常说，只要你念得起，讨饭也要给你读书。问题是这不是一笔小钱，不是人们省吃俭用可以解决的。家长讨饭也好，卖血也好，卖肾也好，都未必能解决问题。大部分情况下，学生得靠联邦贷款读完书。日后这些就成了他们的负担。连奥巴马也是2004年、亦即他当选总统的四年之前，才把学生贷款给还清。我们很多同事四五十岁了，还在还学生贷款。

如果考虑长线投资，日后读医学院、法学院，或者硕士、博士，那么决策的时候不妨来点田忌赛马那种智慧，去运用家里或者自己有限的资源。比如读医学院，学校好坏影响不是很大。即便偶有小差别，也不值得耗尽资源一路死拼。否则，未到走上生活道路，已成强弩之末。从一个中流学校得到其80%的养分，或许胜过从一流的学校得到10%的养分。很多聪明的家庭，让孩子本科几年上社区大学，然后转入公立大学，或者是在还保留着人文教育传统的一些非藤校类私立大学，以比较低廉的学费读完本科，然后再把积蓄用到读研阶段的私立名校里，这样的资源分配最为合理。

此书出版之前，质疑藤校价值高估的声音也常有，比如《赫芬顿邮报》上，还曾登出一个高中毕业生称没被藤校录取是因祸得福的报道，她“很高兴没有被常春藤录取”。她说学费太贵，没人管你本科在哪里念，换了几个工作之后就不会再有人去理你是什么学校毕业，等等。这些说法虽有道理，但藤校外的人说出来，人们总怀疑是“酸葡萄”心理。作者读书工作的地方都是常春藤学校，作为阅人无数的“圈内人”，他的说法更有可信度。当然此书观点也比较极端，没有多说名校尤其是藤校给人带来的众多好处，他的观点负面了一些。可能是身处这样的环境之下，看到的多为不足的地方。我们也能通过此书看到，假如一个学生有学习和经济能力上藤校，而又不沾染藤校生的那些习气，那自然最好不过。藤校生的各种毛病，假如一个人诚心诚意去对待，都是可以战胜的。读者诸君若有人上藤校的，不妨先看看这本书，看看藤校有哪些陷阱，这样以后的读书过程中，可能会少走很多弯路。

附：德雷谢维奇访谈

2014 年 7 月，前耶鲁大学教授威廉·德雷谢维奇在《新共和》上撰文《别送你的孩子上常春藤：美国的顶尖学府把你的孩子变成僵尸》，引起轰动。此文网络版据称是《新共和》杂志有史以来点击率最高的文章。此文也在美国名校中引起了一系列的反思和反驳。

为此我们专门采访了威廉·德雷谢维奇，提出了一些中国学生可能感兴趣的话题。

排名重要吗?

南桥：很多人选择常春藤学校，看重的是它们很高的排名，能不能跟大家说说排名究竟多重要?

德雷谢维奇：排名对人们择校的影响很大，但可惜其价值被严重高估了。给大学排名的做法是 1983 年才开始的，这种做法让这种声誉的体系根深蒂固。现在，什么学校都用同样的指标来衡量，有的排 20 名，有的 25 名，有的 17 名。这些区别不仅微小，也很没有意义。有些排名衡量的东西根本不值得衡量。

南桥：能不能举个例子？

德雷谢维奇：比如“声誉分”，这种打分是这样进行的：组织者让全国一些学院的管理人对于学校“声誉”打分。这些院长打分并无一个明确的标准，再说他们要给大量的学校打分，很多是根据这些学校在研究上的声誉打分，而很多重要的领域，如本科教育怎么样，这些管理人员未必知晓。

还有，排名是可以调的。这些排名是一系列要素组成，这些要素分别有不同权重。几年前迈尔康姆·格莱维尔（Malcolm Gladwell）在《纽约客》上写了一篇文章，说如果将这种比重调整一下，排名的结果将大为不同。

南桥：排名其实是一种综合分？

德雷谢维奇：对的，如果你看《美国新闻和世界报道》（*US News and World Report*），你会发现，这种排名下面有很多指标。这种指标的设置，是把哈佛、耶鲁、普林斯顿当成了标准，看别的学校有多么哈佛，多么耶鲁，多么普林斯顿。这么做大有问题。美国学校的种类很多，波莫纳学院（Pomona College）是人文学院，维斯理学院（Wellesley College）是女子学院，哈维穆德学院（Harvey Mudd College）是技术大学，西点军校（West Point）是军事学院，大家性质都不一样，用同样的标准来衡量它们，不论青红皂白堆一起衡量，我觉得很没有意义。

南桥：这样的比较不是拿苹果跟苹果比，对不对？

德雷谢维奇：是拿橘子跟苹果比，看橘子多像苹果！格莱维尔提到了公立大学的预期毕业率和实际毕业率。预期毕业率是看入学学生的社会经济地位。宾州州立大学的实际毕业率比预期高很多，这说明宾州州立大学在帮助中低收入阶层（而非富裕阶层）学生完成学业方面，做得非常出色。如果这一指标的权重提高，那么宾州州立的排名会很高。它擅长于为特定类别的学生服务，这不说明它针对别的学生也擅长。同样，宾州州立大学擅长培养的学生，哈佛未必擅长。学生五颜六色，学校品种也一样。

退一万步说，即便排名合理，小小差异，比如是第 17 名还是第 20 名，几乎没有本质影响。事实上学校每年的排名也会变动，因为衡量中数字总会有些干扰。可是为了这些排名，人们做出了很多不合理的选择。学校为了排名而改变自己的经营方式。

南桥：就好比排名是一项考试，而各学校在从事“应试教育”？

德雷谢维奇：完全没错，说白了就是学校之间的“应试教育”。可惜这些排名产生了很大的经济影响。学校的信用积分、校友捐赠都会受到影响，有很多现实的利益因素，远不止是拿排名来吹嘘的问题。

排名还有一个问题：过去有些学校，本来有自己独特的使命与角色，排名给它们带来了不良的改变。最典型的例子是芝加哥大学。这个学校本来很出色，学风极严谨。其排名其实不低，排第十吧。可是，学校严格，不是所有人都喜欢，连聪明的孩子也不想来上，故而报名的人没有那么多，录取比例比很多同类学校高，录取率有百分之二十多吧。芝大不满足，想和其他学校一样，降低录取率。为此，学校对录取与营销方式大加改变，开始和那些低录取率学校一样，录取率降到了将近百分之十，申请数量增加了很多，学校排名也上升到了第五、六名。可是，其代价是什么？代价是失去了芝加哥大学的独特性！再说了，它排名本来就已经是第十名了，要升那么高做什么？

我要强调的是，家长和学生根据排名择校。排名并不能告诉你这样的学校对你是否合适，也不能告诉你学校能给你什么培养，说来说去不过是虚名。

说到底，排名所比较的，只是哪家学校资金最雄厚。

南桥：这就是我很想向中国学生推荐你这本书的原因。对中国人来说，大家对美国学校总的来说缺乏了解，很多只是看排名先后来做决定。我很想推动关于排名、择校方法的对话。

《优秀的绵羊》是否适合中国读者？

南桥：《优秀的绵羊》是不是写给美国人看的书？对中国

人（包括海外中国人）来说，此书有什么作用？

德雷谢维奇：我并不只是给美国读者写这本书的，我不过是对这一切感到熟悉。另外，我还有让书出版、让人愿意买这些现实的考虑，所以我在副标题中放入了“美国”这个词。可是我非常清楚，书中的现象影响到了全世界的人，全世界的学生。如你所知，美国教育现在成了全球性的品牌。东亚、东南亚、拉美的学生，以及全球其他各地的精英，都很想到美国读书。美国高校里国际学生越来越多，都百分之十、百分之十二这种比例了，或许现在更高。哈佛、斯坦福这些学校把自己当成了培养未来全球化精英的学府，或许这么认为也有道理。这很像一百年前的情形。那时候美国在经济上成为一体化国家，常春藤学校把自己视为美国精英的摇篮。那时藤校精英和他们的儿子聚到一起，互相联络。现在哈佛与斯坦福，剑桥与牛津，也在发生这种精英汇聚的事。还未上大学的年轻人，被家长根据这些学校的标准，“量身定做”地在培养。这些学校的淘汰率也高得荒唐，它们反过来影响了中上层人士培养自己儿女的方式。在中国、韩国、印度，都是这样。我觉得此书对其他国家也很合适。

精英病不是美国独有

南桥：你书中说到哈佛、耶鲁精英们缺乏目的感，容易忧郁，这是美国精英学校的一种“富贵病”。你接触过的其他国家学生有没有这些毛病，比如你的中国学生？

德雷谢维奇：我不大知道，这个问题我不能准确回答。我是英文教授，中国学生来学英文的很少。

但是很多的成人教育，其实是在上大学前就已经完成了。完全要看家庭如何培养自己的孩子以应对未来的录取。我相信，来自日本、韩国、中国、印度的情况也不会有多大差别。我最近看到一篇文章，说韩国高中学生非常不快乐，太多补习，家庭作业要做几小时，要熬夜。估计中国精英学生也要一样去做。这些做法，造成空虚和焦虑。这种教育把学生当成了实验小白鼠。小白鼠踩对了杠杆，就能得到吃的。踩错了，就被电击。你得完成特定任务，可是完成任务的动力在哪里？目的是什么？动力是外在的，是别人告诉你的。目的是神秘的，你不知道你为什么要完成这种任务，这种任务为什么重要。在我看来，美国学生只是觉得教育是达到下一个目标的过程，本身不存在什么内在动力。为什么我要做这些？我做这些，只是为了应付下一个测试。这样的教育，造成了心理上的各种问题。

南桥：太棒了，记得你在书里记述了老布什总统竞选中的一个比喻，说精英教育能让火车准点运营，可是——

德雷谢维奇：不能指引火车去什么地方。

择校没有黄金法则

南桥：对在考虑去美国读书的学生来说，你会给他们推荐什么样的学校？还像书里那样推荐公立大学吗？还是不太出名的小型人文学院？

德雷谢维奇：我一般不会给具体的推荐，更不会给出笼统的推荐。所有高中升学顾问都会告诉你，你得找对你最合适的好学校。美国的学校种类非常之多，大型公立大学、小型公立大学、私立大学、女子大学、技术大学等等。大家总可以找到适合自己的那一类。当然这么多选择也会让人眼花缭乱，再说还面临信息不完整的问题。我能想象，对中国学生来说，信息不完整的问题可能比美国更严重。你知道有很多工具可以使用，你可以使用这些工具去寻找所需信息，还可以看学校口碑，看学生以后想住在什么地方，等等。我觉得，选择中要看孩子的个性，看他们想从学校中得到什么。

南桥：我明白你的意思，不同学校还是适合不同的人。但这里的问题是，中国家长和学生未必知道如何了解什么学校适合什么学生。

德雷谢维奇：我知道很多人都想进入最好的学校，但是此前不妨放弃一些假设。什么叫“最好”，这个概念很成问题，值得商榷。“最好”应该是个人化的。我理解，很多家庭很迷糊，不知道让孩子上什么学校好。可是你如果花这么一大笔钱，而且孩子以后要在这地方呆四年，那么你不应该去钻研一下，弄个清楚吗？

南桥：你多次提到一些私立的小型人文学院（Liberal Arts

Colleges)，这些中国人可能了解得非常少，这些学校有什么好处？

德雷谢维奇：你说出了我最喜欢的学校了，我书里也说了。这种人文学院，大型公立大学也在效仿，它们所设立的“荣誉学院”（Honors College），就是人文学院的翻版。这种翻版最初只有四所大学有，现在几十个学校都有了。昨天，我去里德学院（Reed College）一堂政治课上旁听，我发现课堂上讨论的质量非常之高。这里的学生非常聪明，对学习十分认真，对思维探索非常严肃，比常春藤学校不知好出多少。一般说来，这种人文学院不怎么关注排名、职业培训这些短线目标，不把自己视为职业培训场所，而是更关注教育本身，关注思维的训练，关注好奇心的培养。这里的四年，你可以暂时“脱离现实”，一心一意训练自己的大脑，训练自己的价值观。和研究型大学相比，这里的老师也更乐意和学生互动，更愿意在学生身上花时间。

南桥：我看你也推崇公立大学。这些公立大学有什么好处？

德雷谢维奇：其实公立大学里面的那种荣誉学院可能最好。这里的学生兼得公立大学和人文学院的优势。

公立大学本身有真正的多元性，而不像藤校那样，多元的只是肤色，而经济上很单调：大多数学生是有钱人的孩子。还有，公立大学很多学生学业稍微逊色，但如果稍微努力一些，和教授互动、得到教授关注的机会更多。在哈佛这种地方，教授根本没有时间应付任何人。还有，公立大学更便宜，当然我不知道对国际学生是不是这样。

南桥：有的家长送孩子先上社区大学，然后转入公立大学，你觉得这样的选择怎样？

德雷谢维奇：美国社区大学在学术上声望比较差，资金不足，老师负荷过重，学生在学术上也差一些，不过它们比较便宜。我甚至经常听美国家长谈论这些话题。他们未必是说要送孩子上社区大学，而是说怎样在本科阶段少花钱，而把大钱花在研究生阶段。学生或许可以本科上州立大学，然后去私立大学读研究生或者医学院、法学院之类。

南桥：也就是说，到了研究生这类阶段，上私立精英大学还是有好处的，是不是？

德雷谢维奇：没错，一旦你选定了职业道路，不管是职业学院，还是博士项目，你去什么地方就很重要。到了这种阶段，学校的学术质量和声誉对你的走向影响就大了。也有很多国际学生在美国读研究生。很多理工科的研究生来自其他国家，如中国。还有，很多博士项目是不收费的。

宗教大学怎么样？

南桥：你在书中强调藤校失去了价值观，也提到一些私立宗教大学不亚于常春藤学校。我所在的就是这种学校，我们学校学生在使命和价值观教育上会得到更多训练，我们甚至保留了古老的每天去礼拜堂的传统，你会不会向人推荐这种学校？

德雷谢维奇：有些评论者非常反感我在书里提到宗教背景的大学。哈佛大学的斯蒂芬·平克尔（Steven Pinker）在《新共和》的文章中提到这种学校时，非常痛恨。我想有些美国学术界人士、自由派学者，不分青红皂白地反对任何和“宗教”这个词有关的正面说法，他们听不得这种话。我对这种学校了解不是很多，但是你刚才的描述，印证了我的猜测。暂且不说学术水平吧——我估计这种学术水平差距还是很大的——这些学校的学生好歹尚未失去使命、意义和目标，学校还没有完全变成职业训练所，而是让人反刍价值、意义和目标的地方，让人去思考人生到底是为了什么。

南桥：事实上，我们大学在学术和价值上都很努力。比如我们理工科的本科项目很不错，学生如果想上研究生、读医学院，我们的本科教育更严格。老师和学生互动更多。

德雷谢维奇：可惜这种学校人们知道的很少。大家眼睛都盯着声誉、排名这些外在的东西。而常春藤学校的人总觉得不是它们藤校的就都是笨蛋。殊不知全美有各种学校，同样能给出严谨的学术训练，甚至更好，认识到这一点的人不多。

虎妈新战歌

耶鲁大学华裔法学教授蔡美儿所著《虎妈战歌》一书，讲述了作者严格且有些霸道的育儿方法，和美国方法极为不同，故而引起了广泛争议。因事关华人教育方法，在中国也家喻户晓。我对她的方法一直有所质疑，这倒不是质疑她的成功，而是考虑到她这本书可能会产生的社会效果。良好的家庭教育，既要有所管，更要有所教。一听“虎妈”，估计有些人就想到凶神恶煞面孔。事实上蔡教授自己是耶鲁法学教授，其夫君杰德·鲁本菲尔德是先后毕业于普林斯顿大学和哈佛大学法学院的高材生、美国宪法专家、耶鲁法学教授。他还曾在朱莉亚音乐学院学过戏剧，并写过两部小说。有这两个牛人当爸妈，他们的女儿的成长中不只有虎妈式的“管”，更有良好的“教”。两相结合，子女成才水到渠成。

如果一个家长，只知仗年龄优势对子女张牙舞爪，却不能在价值观、个人发展、学问进展上给予支持，学虎妈，会画虎不成反类犬。不少中国家长是只管不教的纸虎妈。她们逼孩子没完没了学习，自己天天打麻将，不言传身教，不能给子女提供成长所需营养。有人管无人教的孩子，反会被毁掉。另外，中国家长已经够威权的了，不能再继续沿着虎妈所说的严格管教的路子上走，向极端化发展，成为孩子的噩梦。儒家思想精神内核是中庸和平衡，所以和世界上诸多思想体系不同，从来没有产生过“原教旨主义”之类的极端思想。盛极必衰，时下中国儿童负担过重的呼声很高，虎妈的思想，在追求素质教育转型的当下中国，有些不合时宜。

但在美国，虎妈的提法，至少深深地刺激了美国人，逼迫他们重新思考教育方法。虎妈育儿的方法，和美国文化格格不入，她的勇气让人佩服。《虎妈战歌》出版后，她受到了很多辱骂，甚至有种族主义者向她发出死亡威胁，以至于她都要请保镖保护自己的人身安全。但几年过去，虎妈愈战愈勇，又和丈夫一起，出了一本《成功三大件》（*The Triple Package*）。此书把《虎妈战歌》里的故事，放大到“优秀族群”的层面，变成了道理重写，无可避免要涉及宗教、种族的对比，本应引起更大的争议，但因《虎妈战歌》出版在前，批评者估计也耗尽了气力，大概不会如同上次那样弄得波澜起伏了。此书试图用详尽的统计数据，总结在美国比较“成功”的族群，和他们之所以成功的元素。这被称为“三大件”的元素包括：优越感（superiority）、不安全感（insecurity）和节制感（impulse control）。

优越感，乃因某族群坚信自己的卓越。犹太人的例子可能大家比较熟悉：他们的人口占世界总人口 0.2%，可是诺贝尔奖获得者中五分之一为犹太人。犹太人相信自己是神的选民，这种信念，是其“优越感”的主要来源。迈阿密的古巴移民，初到美国时一文不名，可他们多为反卡斯特罗的古巴精英。到了美国之后，他们仍坚信自己属于社会精英。这种自我暗示，让他们成了杰出的移民群体。尼日利亚人在来美国的所有非洲人中最为出众。哈佛大学商学院的黑人学生中，有百分之二十到百分之二十五来自尼日利亚。尼日利亚人在非洲人中向来以聪明、自负著称。在美国的尼日利亚人，多为自诩皇室直系后裔的伊博人和有着“西非犹太人”之称的约鲁巴人，甚至比普通尼日利亚人更为自信。这种优越感成了他们发展的动力。

不安全感，是因有过被迫害或压迫的历史，需要额外吃苦，才能获取其他族群平常就可以享有的一些基本所需。犹太人的潜意识里就有被驱逐和迫害的阴影，凡事都会额外努力。有不安全感的人需要不断地证明自己，甚至要大幅度地超出其他人，否则不会觉得踏实。这方面世界各地华人华裔的例子很多。孩子考了 99 分，还可能被家长劈头盖脸大骂，问那一分是怎么丢的。移民家庭的孩子多半有这种不安全感。父辈在美国读书，拿学位，拿实习申请，拿就业签证，熬绿卡，哪一步不是惊心动魄？这种吃苦环境中形成的不安全感，会逼迫移民比同龄美国人付出更多心血，才可实现各自的“美国梦”。这种吃苦耐劳，使得华人群体的整体教育水平、收入都高于白人群体。

第三个成功元素是节制感。这个说法来自1960年斯坦福大学的心理学家沃尔特·米切尔（Walter Mischel）所做的棉花糖实验。在此实验中，研究者把棉花糖放在孩子面前。如果孩子马上就吃，只能吃一个。如果等15分钟，研究者会多给一个。大部分孩子估计是相信“双鸟在林不如一鸟在手”，看到就拿了吃。研究者在追踪研究中发现，那些等了15分钟才吃的孩子，后来的学业、事业、家庭都更为成功。能够节制自己的冲动、延缓满足的人，往往人生更有成就。摩门教徒便是典范的例子。摩门教清规戒律很多，信徒严禁抽烟、喝酒、赌博，甚至不可喝茶、喝咖啡。在美国我们经常看到年轻的摩门教徒不管多热的天，都穿戴整齐，骑着自行车或者步行，挨家挨户上门传教。看到屋子里仅有女眷，他们会站在门口不入内。这些年轻人被称为“长老”，且做“长老”要做两年。两年期间，他们要和同伴同吃同住同传教，不可以约会、看电影、看杂志、听流行音乐。他们每周只可以发一次电子邮件，而且是从公共场所发，不能从家里发。有个笑话，说摩门教长老和监狱囚犯的差别，是囚犯可以给家里打电话——摩门教长老传教期间只能在圣诞节和母亲节打电话回家。和另外一个人24小时朝夕相处两年，也不是所有人都能做到的。他们这种让中国和尚们都自叹不如的生活方式，培养出了包括美国运通、戴尔、花旗银行、希尔斯之类企业的总裁，洪培博这样的大使和罗姆尼这样的总统候选人。

作者介绍，这三项元素，须得结合起来，摇匀服用，才能见效。如果只有不安全感，而无自我节制和优越感，人会变得神经质。只顾节制，没有优越感，人可能会变成控制狂。仅有优越感，而无其他要素，会滋生骄傲、偏见、种族主义、奴隶制度、种族隔离和种族灭绝。希特勒就是这么来的。这三种成功元素，也可以说都是人性弱点，甚至相互抵触，比如优越感和不安全感。作者逆向思维，剑走偏锋，和美国流行思潮背道而驰——当下西方流行文化强调及时行乐，活在当下，不大相信延迟满足。这种倾向，在我看来，一是因弗洛伊德的童年影响说流毒过深，二因斯波克博士随时随地呵护儿童心理理论流传太广。而今美国文化，很强调自我肯定。中小学好多孩子学习成绩不好，家长有时会找出形形色色的“学习障碍”，巧立名目，把问题转移为客观要素，为孩子主观上的不节制和不努力开脱。作者说的成功三元素，在解释上的作用更大一些。在应用层面，灌输“不安全感”窃以为弊大于利，不可取。教育孩子有“优越感”也未必可行。但是让孩子从小抬头做人，认清自己的潜能，不在任何族群前低头，倒是必要的心理训练——当然也犯不上培养优越感，让其咄咄逼人。第三元素，亦即抑制冲动，更为可行一些。很多家长在孩子的“学”和“玩”的平衡上感到困惑，假如家长教育孩子抑制玩耍冲动，学好之后尽情去玩，倒也两全其美，对他们的自律是很好的训练。

三要素间的漏洞也多得像筛子，作者得边写边解释。比如族群的划分，就很成问题。作者承认，一些群体并不是铁板一块。比如在犹太人中，布鲁克林的叙利亚裔犹太人就不强调教育，也不讲究上名校，而更愿意培养孩子做生意，这个群体生活得也很好。书中还有的一些概括，有可能只出自作者个人想象。作者说中国人号称“中央之国”，视外邦为蛮夷，需要向天朝进贡，因此中国人有优越感。但虎妈并非像我们这样来自大陆的真正中国人。她说的优越感，也不知是哪个猴年马月的事，用它来解释当今华裔的成功可谓刻舟求剑。当今中国移民，持着本国护照，出国处处都要签证，处处被人刁难。在漫长移民过程中，华人在美国发展，仅“身份”问题一项，就一步三难，弄得灰头土脸，哪还剩多少“优越感”？

但总体上说，书的写作是诚实的，并无讳言三元素的负面影响，以及成功背后的悲哀和残忍。作者也承认，书中说的成功，多为外在功名，如好的学习成绩、上名校、高收入、获奖等。美国梦一说的缔造者詹姆斯·亚当斯（James Adams）说教育应有两种，一种是教我们如何生存（make a living），一种是教我们如何活着（how to live）。此书只涉及第一种，亦即外在的成功。而那些按照外在标准失败的群体，或许在“如何活着”上面更为成功一些，这都是此书未曾涉猎的地方。说到成功，从作者夫妇自身来看，他们无论在教职上还是在写作上，都出类拔萃，可是到头来却在贩卖这些“成功学”，也让人觉得有些讽刺性。我曾听过一笑话，说一个励志讲师说他成功了，卖出了更多励志光碟，培养了更多的励志讲师。“成功学”成为学问的时候，难免就会成为这样体内循环的死水。

作者又称，成功也会成为成功元素的墓志铭。成功的结果，会“软化”下一代身上的上述三元素，使得那些优秀族群，优秀不过三代。可是在这个短信长度超过了一个屏幕都懒得看的时代，有几个家长会关注身后两代三代？甚至都不大在乎孩子成人后怎么活着。能把孩子送入功名的快车道，他们就感觉大功告成。子嗣未来泯然众人又如何？这是同样需要我们思考的问题。

不幸家庭有万幸

“暑假的第一天，我被绑架了。”《我被爸爸绑架了》一书就是这样开始的。“绑架犯”是叙述者小春的爸爸。小春已经很久没见过爸爸了，妈妈用各种谎言掩饰夫妻已经分开的现实。“只有每天见面的人才谈得上‘喜欢’还是‘不喜欢’。我自己也不清楚究竟喜不喜欢爸爸。”而到了故事的最后，爸爸“在我眼里却不可思议地散发出光芒，仿佛被金色胶囊包裹着”。这是一个成长和亲子关系的故事。作者为日本当代著名作家角田光代。此书曾获日本路傍之石文学奖、产经儿童出版文化奖，后获得《台湾时报》开卷好书奖。能得到这样的认可，是因此书出色地描述了一个既独特又普遍的成长故事。

成长是写不完的话题，甚至可以说是人类唯一值得书写的故事。每一个人，都要经历慢动作的蜕变，脱离上一辈的影响，成为独立的人。不管我们来自什么样的家庭，成长都会发生。其过程并不全是“种瓜得瓜，种豆得豆”那么简单。幸福的家庭会产生不幸的孩子，不幸的家庭也会育成快乐而成功的孩子。这是人生的复杂与诡异之处。

此书描述的是一个破裂家庭的成长。一个孩子，在其人生的开端，抓了一手烂牌，还得继续打下去。到后来，要么和父母断裂关系，要么和父母达成默契。孩子要在与对方和解或独自和解之间选择，有时候这双重和解同时发生。奥斯卡·王尔德曾称："孩子开始爱父母，长大以后论断父母；有时候会原谅父母。"小说中的小春，最后理解了父亲，与之和解，甚至说希望有更多的"绑架"。孩子自己，也在这个过程中，从舒适区里走了出来，开阔了生活的境界，可以说这"绑架"带来的是双重的救赎。

破裂的家庭里，亲子关系更为微妙。家庭破裂，会让所有人成为受害者，孩子所受伤害通常最大。父母亲也都是有局限的人，在对峙中，有时候会忘掉孩子是二人爱的结晶，是共同培育与关爱的对象，不是一方的财物。分手后，孩子或许由一方抚养。这种情形下，若处理不善——如夫妻沟通不流畅，拿孩子当信使探听消息，或是教唆孩子仇恨对方——会对孩子的心灵造成更大的伤害。孩子懵懵懂懂，慢慢去悟出成人世界的丑陋，尚留几分幻想，或许还好一些。如果懂事太早，担负与其童年所需不相称的情感和心理负担，虽是迫不得已的后果，不是任何人故意为之，但对孩子很不公平。

孩子在父母之间的为难，通常是父母双方价值观和生活习惯差异太大。绑架之后，爸爸第一个想到的是问："小春想去哪里？山上？海边？温泉？牧场？”而小春长时间和妈妈、两个姨妈和外婆等女性在一起，想到的是去大型商场玛克和斯班塞。夫妻双方都很穷，两个人合伙过日子，压力还没有那么大。分手了，同样收入要支撑两个家庭，穷困自然接踵而至。妈妈的价值观被物欲绑架，期盼很多东西，但买不起。孩子有很多盼望，到了爸爸这里也无法实现。爸爸也很穷。住到有露天浴室的旅馆，看到露天浴室和桑拿，他“兴奋得像个孩子”。

面临同样的现实，我们的取舍显出了做人的高低。这个爸爸并没有在窘迫现实前自惭形秽，他关注如何让小孩学习面对。“你们总以为到处都有出租车，到处都有餐厅，相信自己无能为力的时候马上会有人出手相救，饿了总会有饭吃，喉咙渴了就去找自动售货机，这些都是理所当然的。”他从自己的背景出发，给了女儿新鲜而有益的启迪：“你要记住，也会有这样的事：没有出租车，不能坐在有空调的餐厅里等上菜，也不能想回头就回头，只能一直向前走。”

在外人的眼里，这样一个落魄的父亲或许不负责任。小说让我们看到这种论断的粗暴。我们看到了他的困难与纠结，他的挣扎和努力。他带给女儿的人生财富，或许比其他“拼爹”家庭中孩子的所得更多：“但凡有什么没有顺从你的心意，你就怪别人，小春你的一切都可能会变得不如意。”

他也充满想象力。他的想象力，以及背后的创意，让生活出现新的排列组合，现实因此容易承受，甚至值得享受。父女两人躺在“果冻般柔软”的温暖海水里，在无边的幽暗之中，看着天上的星星。他们跑到庙宇里去住宿，听驼背老奶奶讲鬼故事。这样的经历，对于未来就是说不尽的回忆，有几个“正常”家庭的孩子能够享受到呢？

说到这里，或许我应该自我纠正一下：没有一个家庭是“正常”的。每一个家庭都有自己的问题。小春的外婆家貌似幸福，但姨妈裕子，得到的关爱比较少，心里面就裹着忧伤。即便相对“正常”的家庭，对孩子有时也是披着糖衣的诅咒。“外婆家完全没有这样悲惨的情况，所以我乐意去那里。大人们常常聚在客厅里专注于自己的闲谈，我被扔在一旁，可是我并不为此苦恼。”这种环境下长大的妈妈，没有经过摔打，她的爱是浅薄的。她对孩子只知说教，不懂去主动理解。“至少我希望妈妈这样问我，小春，现在开心吗？在哪里？过得好吗？不要紧吧？每个问题后都加一句‘开心吗？’”这位母亲爱孩子，但跨不出自己的局限，无法“穿越”到孩子的视角，按照孩子的方式去关心他们。从前她的父母也只是发自本能地去爱，没去培育爱的能力。科伦·麦凯恩所著《转吧，这伟大的世界》里，格洛丽亚回忆自己父母相亲相爱，自己婚姻却屡屡失败的时候曾称：“我过去总想，父母相亲相爱，对孩子来说其实是很难的事，很难超出这一层爱之茧，因为有时候，处在这样的爱之下实在感到舒适，你都懒得去培育自己的爱了。”

反过来，书中的爸爸老家复杂且乱，亲戚很多，爸爸“经常和他的爸爸吵架，嗓门很大，还相互扔东西……总之，爸爸的老家是个地狱。我从心底里恨自己是个孩子，因为我不得不待在那种恶劣的环境下”。有趣的是，在这样环境里长大的爸爸心地善良，更有同理心。厄普代克曾称，在复杂大家庭成长大的人，往往心智更成熟，更能成熟地应对世事。厄普代克来自一个复杂的大家庭，他的家如美国的横断面。世间好多问题和应对的方式，提前在大家庭里预演过，孩子未必都能理解，也没有必要完全理解，但是这样的家庭，是未来世界的一个“原型”，给孩子日后人生的闯荡埋下了伏笔。

破裂的家庭，也不应成为一个人自暴自弃的理由。蚌病为珠，人可以在把成长中的不幸，化作人生的财富。没有人希望体验这痛苦的过程，但“心想事成”的生活，终究是邮件里的祝福。环境顺风顺水，也不值得一个人去夸口。人生有无光荣，在于我们从各自的起点上，向前迈进了多少。这涉及到我们各自经营生活和自我提升的能力。这样的成长，是个人的事，但也离不开大人的帮助和引领。大人自己有时候纠结在自己的矛盾里，忘了孩子的需要，如对爱和关注的渴求。和其他孩子一样，小春不惜代价地追求爱和关注，爬山的时候她要小脾气，故意落在后面不走：“如果在这里遭遇不幸被毒虫和蛇咬了，被熊和狼吃了而丢了小命，爸爸一定会深刻反省吧。反省口不择言激怒我又扔下我，反省绑架了我。这样一来，爸爸这一辈子就算爱上了妈妈以外的人，就算有了很多比我可爱的孩子，也不会忘记我吧。”这样童真的叙述，让人读之动容。

《我被爸爸绑架了》以平淡的文字，让我们反思成长的烦恼和几代人的关系。书里的故事，抵得上汗牛充栋的道理。这本温情的小书里，虽矛盾重重，但找不到什么刻意的“坏人”。妈妈和爸爸之间时有冲突，但妈妈对孩子对爸爸的关切溢于言表。爸爸即便离开了妈妈，但是和孩子在一起商量点菜的时候，想的都是妈妈过去做的肉糜卷、炸肉饼、夏天的冷馄饨和特制奶汁烤泡菜。

这本书以一种举重若轻的方式，启迪我们思考家庭关系这个永恒话题。人和人的沟通和理解是困难的，是需要一辈子去琢磨的事。同样环境下长大的兄妹，也会冲突不断，何况陌生人结成的夫妻。即便亲如父女者，如果不去经营好关系，也只能产生深深的隔阂。如何带着差异相处，如何让孩子合理应对，这是一门技艺，需要花心思长期打磨。在心理学发达的一些国家，如美国，很多这样的矛盾冲突，被心理学家用清晰的文字表述出来。心理顾问和各种专业人士，帮助孩子甚至大人应对不同情境下的关系问题。东方人在这方面比较含蓄，很多事情说得没有那么透。而成长中面临的问题是互通的，同样需要应对的方法。

这本书写的是一次奇异的绑架之旅，情节并无多少起伏跌宕，风格平淡，但是值得一再回味。书中最戏剧化的场面，不过是小春报警，爸爸被警察抓了起来。惊慌之中，爸爸叫警察验血，鉴定 DNA，其状诙谐。这个可怜的“绑架犯”被释放后，不责怪假报案的女儿，而是懊恼没有吃到电视里说的警察局问讯室的炸猪排饭。

小说触及到了成长中的很多道理，语言充满诗意，如“飘浮在繁星之间的我们，在认识之前，既不是父女、母女，也不是兄弟姐妹，甚至互不相识，只是被分开的一群人，完全不知道对方的存在，轻轻飘浮在夜空中”。关于道理的部分，通常是点到为止，如海明威说的冰山那样，小说只写水面之上的部分，甚至只是从小春一人的视角来写。

但这是很必要的视角。有多少时候，我们能停下来，俯下身子，去听听孩子们在说什么，去问问他们想什么呢？

大学·大款·大众

美国是一崇尚学术自由的国家，但是《大学不是公司》（*Univetsity,Inc.*）这本书，让人看到了它不自由的一面，可是败坏自由的，不是政府，不是军方，居然是企业。这本书的作者曾写专栏文章称，企业经费是科学研究的最大敌人。

1965年，美国的研发基金的60%来自联邦政府。到了2006年，美国的研发经费的65%来自利益相关的私营企业。这对一个国家来说意味着什么呢?

德国化工企业Hoechst公司曾出资五千万美元，与哈佛大学下面的一家医院合作。在一次国会听证会上，时任田纳西州参议员的戈尔质问：该研究公众已经支持了二十年，现在因为这五千万，把研究成果专利拱手让给一家德国公司，“这对美国纳税人来说有点不公。为什么把这一成果的精华卖给一家外国公司?”这就像我们民间故事所说的恶婆婆，嫌弃媳妇烧水半天烧不开，结果自己抢过去，扔进几把柴，水一会儿就开了，因为媳妇本来就已经把水烧到了99度。私营企业支持大学研究，换取成果，很像这么一回事。

大部分研究其实都是一场持续的对话，是科学家和研究者一个接一个地站在巨人的肩膀上，叠罗汉一般达成最终的高度。不看别人的成果，则有可能重复劳动。这也是大部分学术论文都有“文献回顾”这一章的原因所在。这里的老师经常会告诫学生，我们不需要你去另起炉灶，你只要去将前人的成果进一步拓展。

基于基础研究的成果，为某些营利性组织所用，则有可能背叛公众。假如一所大学发明了一种能够治疗白血病的药，作为一个纳税人和国家经费支持的机构，它理应公开这样的研究。可是作为一个越来越按照营利机构的方法来运营的机构，它则可能不公开这样的研究，而是让自己的附属企业营利。换言之，在产生一种新药的 10 块钱当中，可能是公众出过看不见的 9 块，而某校办企业只出了看得见的 1 块，就买走这价值 10000 块的东西。现实中，这样的例子屡见不鲜。

犹他大学一教授发现了一种导致遗传性乳腺癌的基因。该成果若为公众使用，可减少很多不必要的死亡，可是该大学却把这项发现的专利权给了该教授创办的公司 Myriad Genetics，且不允许其他研究者使用该基因，严重违背了公众利益。1955 年，有人问约拿斯·萨尔科，他所发现的小儿麻痹症疫苗有无申请专利，他回答说：“怎么说呢，各位，没有什么专利。你难道能对太阳申请专利?”可惜如今的教授有他这种境界的是少数。更为关键的是，很多大学都希望孵化自己的企业，与其他学校展开竞争。那么知识领域的游戏规则，则越来越让位于市场的游戏规则，直至导致学校被私营企业败坏。

按照《大学不是公司》作者詹妮弗·沃什伯恩（Jennifer Washburn）的说法，大学最宝贵的，是公正无偏袒的研究，是与公众的信息交流，而私营经费进入之后，或许可能造成偏瘫的研究，让研究半身不遂。大学非大楼也，非大款也，大学要的是大众。

大学的公正无偏袒，是大学维系公众信心的一大原因。随着业界的渗透，大学的公正正在被人质疑。本书作者指出，一些科学领域的论文其实是业界的枪手所写。要知道业界也有很多高人，其中不乏一流院校的杰出 PhD。他们并不是写不出来，而是他们不能署名。如果署名，会因利益攸关，在可信度上受到质疑。所以业界会去写论文，但署名找某校教授。这是一种新型的软文。

沃什伯恩是个独立记者。她质问：为什么新闻界强调独立客观，法官在出现利益冲突的时候避嫌，而大学里的瓜前李下嫌疑重重，却无人过问呢？

很有趣的是，在一份西弗吉尼亚《先驱快递报》上，我看到两则新闻，一是西弗吉尼亚最高法院的大法官艾略特·梅纳德在一桩涉及到某大煤矿公司的案件中，被人发现丑闻。这位法官和这个公司的 CEO 曾在摩纳哥合影。最近，照片被人公布出来，作为二人有私交的证据。法官提出避嫌，但是媒体不依不饶，要求他辞职。而在这份报纸的背面，另一则新闻说，西弗吉尼亚州州长乔·曼钦提出拨款1500万给我们学校作为研究经费，另外3500万给西弗吉尼亚大学。但是双方都必须拿到同等金额的融资。也就是说，如果我们学校不能另筹资1500万，那么这笔经费就有可能流失到西弗吉尼亚大学，反之亦然。学校的一部分经费将出自私营成分。而私营企业则会根据自己的利益，索取自己的回报，这无疑会改变学校事项的优先顺序。

看过《大学不是公司》这本书后我在想，为什么大学的腐败更能得到公众的宽容？在国内的时候，我就经常看到一些高校的“能人”其实并不是一流研究者，也不是好老师，可是他们有“能耐”骗到研究经费。学校本身的价值观已经倾斜了，在按照市场价值评估老师，在一定程度上这已违背了当初的办学理想。大学慢慢变成大公司。

1982年，麻省理工、哈佛、加州理工、斯坦福和加州大学以及六个业界领袖在加州 Pajaro Dunes 会谈，希望找到一个合理方案来解决产研合作中的利益冲突问题。因为他们意识到，如果他们不自发制定方案，外界就有可能制定法规来限制自己。然而这次会谈无果而终，只是发布了一个“各大学必须认真对待这个问题”的跛鸭声明。

大学是不可能自己监管自己的，那等于让狐狸去看鸡窝。

1980 年代后期，美国卫生和人类服务部（HHS）发布了一套利益冲突的指导原则，并公示，征求公众意见。结果各大学的抗议如雪片般飞来，纷纷谴责这些原则侵犯学校的自主和自由。该部门最终妥协。但是迫于公众压力，联邦政府于 1995 年再次制定规避利益冲突的相关规定，要求任何接受卫生和人类服务部（HHS）和自然科学基金会（NSF）基金的教授，都必须披露其收入状况，包括在营利性组织的任职所得。问题是这个规定的最终执行权还在学校。实际执行中，各个学校要求不一，其实从松的多，从紧的少，因为稍微紧一紧，杰出教师就会流失到其他院校。哈佛大学在解释其放松利益冲突管制的原因时，就表示希望能够招聘、挽留一流学者。如果哈佛都需要这么做的话，别的学校就更不用提了。好在还有沃什伯恩这样的独立记者，把一些丑闻给捅出来，好歹也起到一点舆论监督作用。

大学的利益冲突，还不限于公司和公众之间。在学校和学生之间，公司性质的经营方式也会造成矛盾。我们常听说的一些师生矛盾，通常被从师生关系这一个方面去解读，而忘记了大学里现在师生的关系并不单纯是师生关系，有时候真正是老板和员工的关系，受制于不同的游戏规则。这两种游戏规则，会在一些灰色地带“打架”。

学校和学生的矛盾，有时候很戏剧化。南佛罗里达大学学生彼得·塔波尔斯基发现了一种废水除氨技术，具有商业价值。该学生公布自己的发现时，竟被学校控告“窃取学校财产”，送进大牢，直到被州长赦免。后来美国专利局认定该学生为唯一的成果所有者。

但是更多年轻学子，还是“倒霉的大多数”。论文署导师的名字还不算什么。很多学生在做研究生的阶段，或许会遇到一个在外创业的“老板”导师。这样的导师的公司业务，很有可能正是其研究内容，这样研究和公司业务之间的界限就变得很模糊。原来在斯坦福读书的大卫·扎波尔遇到的就是这样的问题。他的导师盖瑞·诺伦是该学校一个学术新星，掌管着一个实验室，可是他也在外面开了一家公司。这时候无数尴尬局面就出现了。有一日，扎波尔的同学罗森博格去公司开会，发现他和扎波尔的研究成果赫然出现在公司的投资人会议上，而演示中丝毫没有提及这两个学生的名字。二人提出此事后，反倒被导师责备。而实验室其他人则在这个问题上集体失声，因为有不少人已经在诺伦的公司任职，或担任顾问。扎波尔与其导师分歧严重，矛盾无法调和，无奈离开实验室，也终止了自己的博士生涯。

或许你会觉得这是小题大做。可是再看暂时还没有离开的罗森博格的遭遇，就知道问题的严重性之所在了。众所周知，学生在学校，不过短短几年，这期间他们或许能产生重大成果，但是很有可能被学校占用，尤其是在导师开公司、公私不分的情况下。罗森博格后来发觉自己一旦公布自己的研究计划，作为公司老板的导师就有可能让人去做同样研究，以其人力物力，会很快拿到结果。这样一来，自己的导师成了自己实力不对称的竞争对手。另外，作为一个学生和新入门的学者，罗森博格要和学术界内同行交流成果。比如他联系过的教授凯特·林就是一个学术同行。而这林教授也有一家自己的公司，和诺伦的公司是竞争对手。诺伦老师得知此事后，严重警告自己的学生不要和林教授联系，透露可能帮助该公司的思想。罗森博格后来也无奈离去。

这个事件中的扎波尔的父亲，是哈佛大学教授。虽然扎波尔无奈终止了学业，未能改变斯坦福的做法，但是哈佛提议放松利益冲突规定时，老扎波尔教授以自己的儿子为例，指出学校和导师的贪心是如何毁掉了一个前途似锦的科学新人。

一本书看下来，简直感觉学校被企业一刀一刀给剐了。在不同时代，学校的目的是不一样的。比如作者自己也写道，在美国大学开始的时候，很多学校是宗教性质，比如普林斯顿是长老会办的，哥伦比亚大学是美国圣公会办的，布朗大学是浸信会办的，罗格斯大学是改革宗办的。而在后来，工业发展、二战、冷战的需要，则不断在变更学校的功用。如今产生这种公司性质的学校，也是市场力量使然。

不过，不能只讲企业对教育的败坏，而没有想到和企业的合作给学生带来的机遇。大学（university）在当初的设立，目的是单纯的，是统一的，是 unified。现在有人说大学不应该叫

university，而应该叫 multiversity，其职能在变化，其利益日趋多元，它服务于不同的社区，不同的利益。这会制造越来越多的利益冲突和道德困境。我们想当然地认为这就是好事。我们经常在大学的使命宣言上看到大学要如何将自己变成一个“产、学、研”基地。研和学自然是分不开的。而产研不分，产学不分，虽然有好处，比如给学生提供实习甚至就业机会，创造额外收入，但也不要忘了这中间的利益冲突和道德困境。

记得《新概念英语》第三册有篇文章，说人人都有东西可以出卖，乞丐尚可出售尊严。那么大学卖的是知识和智慧大概没有什么问题，只是学生、公众和良知，岂可动辄出售呢？

在高校这样的“大公司”里，由于处处和实际利益挂钩，能给学校创造实际效益的，如管理、计算机专业的老师，能拿到六位数的工资，可是一些人文学科，因为“效益”和“产出”低下，其工资待遇明显不如“高效益”的老师。一个人文学科的大师，其收入或许还不及一个其它学科新来的助教。在市场的游戏规则面前这是合理的。可是学校不是大卖场，或者说不完全是大卖场，退一万步说，它起码还得担负一些教书育人、从事公共研究的任务。这样的要求，不算过分吧？

可惜高校变得越来越现实。20 世纪 90 年代末，弗吉尼亚州州长提出给予乔治梅森大学 2500 万美元资助，前提条件是该学校必须能够证明自己有能力满足本地高科技企业的需要。当时该大学的校长本身是计算机科学家，以前还担任过康奈尔大学管理学院院长。州长这么一说，这位现实的校长立刻行动，增设大量和计算机有关的专业。而古典文学、德语、法语和其它一些科目则被砍掉。

此举引发该校学生的抗议。该校人类学学生米拉斯批评学校讨好周边企业的时候，用了一个有趣的比喻：如果我们周围都是面包房的话，我相信我们学校会把这些人文学科给砍了，培养更多面包师出来。

后来该校文理学院180位教授也联名上书，请校长不要只去培养学生的技术性技能。有位文科教授指出：我担心我们成了周边企业的分包商了……大学应该教会人们阅读、写作，还有批判式思维。很有讽刺性的是，这些也恰恰是这些企业真正需要的技能。要是让他们学习技术，他们毕业后也可以去学啊。

看这本描述美国高校世俗化的书的时候，常想到中国其实一样。为什么要培养人文精神？中山大学人文学院院长陈春声的一段论述十分精辟：“人文学科确实没什么用，它不能使你发财。但我们用一个家庭来比喻，一个家最有用的是厕所，其次是厨房，我们每天都要吃饭。家里最没用的东西，数来数去可以说是墙上挂的那幅齐白石画的虾。但家里有客人来了，你会带他去参观厨房和厕所吗？大家坐在客厅评头论足谈论得最起劲的，却是齐白石画的那只虾。人文学科就是那只虾！”陈教授还说：我们相信有一些人类的精神需要守护，在目前社会守护它的责任就落在大学身上。

由于一些文科专业不能带来实际效益，在美国的一些高校，它们的发展就很受限制，甚至整个科目被取消。针对这一倾向，有人提出了反对意见：人文教育，如哲学、文学、音乐、语言，可以培养人的抽象思维能力，而这思维能力是很多领域都需要的。人不能限于自己专业的一隅，因为观念的突破是跨学科的。人文学科除了让人具有更好的思维能力之外，还能让人更好地欣赏生活，而不让人在物质需要中坐井观天。

“听莫扎特的钢琴协奏曲所得到的深层喜悦，十分类似于解出一道数学难题时所产生的那种欣喜。”在很多大学以经济效益为由、限制人文学科发展时，说出这话的人，居然是天天和钱打交道的前美联储主席格林斯潘。格林斯潘毕业于著名的朱莉亚音乐学院，专业是单簧管。

讲台人生

最近在看弗兰克·迈考特（Frank McCourt）的《教书匠》（*Teacher Man*）。国内有些介绍中将此书书名译为《为人师表》，属点金成铁。作者文笔轻松，举重若轻，喜自嘲，将书名译成《教书匠》更为传神，也更形似。

作者弗兰克·迈考特是个移民美国的爱尔兰作家，单是这一点就可以是推荐他的一大理由。爱尔兰总统玛丽·麦卡利斯曾骄傲地说，“爱尔兰人不幸被英国人统治了800年，但爱尔兰人有幸统治了英语世界800年”。英语文学中没有了叶芝、萧伯纳、乔伊斯、王尔德、贝克特、斯威夫特……那是何等萧条的局面！可是生在爱尔兰并非幸事。一个生在爱尔兰的人，很可能有个酗酒的父亲，很可能一贫如洗，很可能彷徨于爱尔兰民族主义、天主教和新教的对立等问题之中。彼得·阿克罗伊德（Peter Ackroyd）假王尔德之口说过：“犹太人尝遍了囚虏之苦，爱尔兰人则饱受流离之灾。对我们来说，故土的传奇是从背井离乡的时候开始的。只有在异族当中，我们才真正是爱尔兰人。我曾经和叶芝说过，我们这个民族可算是辉煌中失败，失败中辉煌：我后来发现，我们在失败中积聚了巨大的力量。爱尔兰民族是在苦难中讨生活的；和基督一样，我们知道世道的无奈；和但丁一样，我们知道面包的苦涩。但就在苦难当中，站起了一个伟大的诗人和演说家的民族!”

迈考特的童年十分悲惨，以上所有苦难，他一一尝过。其结晶为他六十岁后写的第一本童年生活自传《安琪拉的灰烬》(*Angela's Ashes*)。此书一炮打响，雄踞畅销书排行榜一百多星期，作者也荣获普立策奖。此奖让他一下子从一个职高退休老师的生活中走出，成为一个家喻户晓的人物。他接着又闷头写下了其自传的第二部：《然也》(*'Tis*)。此书说的是他移民美国后，如何走出贫困和青春的苦闷，走向成年。《教书匠》水到渠成，为迈考特生涯三部曲的第三部，讲述了作者近30年的教书匠生涯。迈考特确实是个在美国这个异乡更显“爱尔兰”化的爱尔兰人。和他的爱尔兰文学前辈一样，他有讲故事的天赋。他本来就是个写作老师，只是多年的繁重教学，让他述而不能作。他才华的绽放，是等到了他年过花甲之后。我看过《安琪拉的灰烬》，深为其文字所吸引，他捕捉的人物对话简直鬼斧神工，其奥妙难以言说。

书的话题一定会吸引千千万万个教学第一线的大中小学教师。迈考特的大部分时间在纽约教职高或一般高中。我个人总觉得教书当中，教博士最容易，教硕士研究生和初中次之，最麻烦的就是高中和小学。小学你得设法让其入门。而高中不仅是学习知识的问题，还有升学的问题，青春期的问题，叛逆性格的问题……高中的学生，有了足够的智慧来对付老师，却没有足够的智慧来安排自己的生活。这是学生之幸，也可能是教师之灾。这个阶段，教学不只是教学的问题，尤其是在纽约这样的大都市，面对一群以捣蛋和叛逆闻名的美国少年。

迈考特从纽约大学毕业后，谋到写作老师这么一个差事。第一天上课，他提前走进教室，思考着教学目标和教学方法。学生进来了，第一分钟就把他的教学目标和教学方法等等武功全部废掉：有个学生拿起另外一学生的三明治抛将起来。三明治在教室的上空飞翔，然后降落在地上。可怜的迈考特，四年的本科，根本没有教会他如何对付飞翔的三明治。他愣愣地说：不要扔三明治。学生笑曰：都已经掉地上了，是过去时了，怎么还说“不要扔”？另外一个学生说：笨蛋。童年遭受过饥饿的迈考特想了想，跑过去把三明治拿起来，吃了起来。全班一下都镇住了。那个丢了三明治的学生说：老师，老师，那是我的午饭。其余的学生全部说：“闭嘴，你没有看到老师正在吃三明治吗？”一班顽皮少年，就这样被他意外地给征服。

书中这样的故事俯拾皆是。迈考特在书中用一个个生动的故事，用辛辣而又诙谐的文字，回顾自己几十载从教生涯中的苦涩与甘甜。中学的课堂总是暗流涌动，甚至是波涛汹涌的。中学教师这碗饭可不好吃。迈考特说，他一周上五天课，一天五节，累得像个活鬼。哪像那些大学老师，成天忙着和同事调情，忙着窝里斗，忙着赶场开百无一用的学术会议，哪里有空好好教书？中学教师是要卷起裤腿实干苦干加巧干的。不然的话，这个天生的作家恐怕也无需等到退休后才一本本出书。

这种凡人自传的成功，让普通人很受鼓舞。照迈考特的说法，中学教师算是美国社会的底层工作之一。迈考特刚进学校，周围人都希望日后离开教职，去做行政工作，然后当校长，当学监……他应聘的时候就说他想教书，别人都觉得不可思议，觉得这人怎么这么没有出息。可是谁笑到了最后？如今的迈考特誉满天下，桃李满园。以前嘲笑他的同事，不过是在行政职位上多爬了三五步，什么也没有真正改变。

迈考特给了我们一个新的眼光，让普通人反思各自的平凡工作。如果你愿意的话，每一份工作都可能是个宝藏。一个档案管理员会读遍人生，一个餐厅服务员可能比大作家更能看清人情冷暖……如果一个作家像迈考特这样厚积薄发，何必还要把作家圈养起来，接着再让其“体验生活”呢？

在追名逐利的造星时代，凡人自传就如一股清风，让人神清气爽。我以前喜欢看《南方周末》的“百姓记事”里平凡人的人生。大家想想看，明星吃什么，喝什么，住什么，开什么，穿什么，看什么，演什么，爱谁，娶谁，嫁谁，休谁，生谁，睡谁，打谁，骂谁，这些与你我何干呢？一个凡人的经历，却有可能意外地触动你我的一番回忆，让我们不能自已。

当哈佛遇见大自然

美国作家约翰·爱德华·威廉斯（John Edward Williams，1922-1994）是文学出版界的一个奇特现象。其“学术小说”《斯通纳》（*Stoner*）因法国作家安娜·贾维尔达（Anna Gavalda）将其翻译成法文，并极力推崇，在欧洲热卖。这部小说写于1965年，此番重出江湖时，出版商宣传其为“你尚未读过的最伟大的小说”。“出土”后，此书意外地卖了六万册，成了英国Waterstones书店的年度图书。在欧洲市场的热门，又引发美国批评界对这位去世近二十年的作家重新关注。

事实上，威廉斯的创作成就本来并不小，只是今日美国文坛创作力强劲，对这种过去的作家，关注者少而已。其小说《奥古斯都》（*Augustus*）曾获美国国家图书奖这一殊荣。但他的另外两部小说则寂寂无闻。这种重新发现，也有一些机缘巧合。自莱昂纳多·迪卡普里奥出演电影《了不起的盖茨比》以来，让人言必称盖茨比。这使得此书被拿来和与之貌似风马牛不相及的《了不起的盖茨比》比较。据蒂姆·克里德（Tim Kreider）在《纽约客》所言，《斯通纳》是一部和盖茨比类小说背道而驰的小说。盖茨比暴发、光鲜，娶得佳人，最终失落，丧命。而《斯通纳》主人公寂寞无闻，婚姻失败，和孩子疏远，最终一无所成地死去，这样也是一生。一个是大起大落，一个是平平淡淡一生。一个是阆苑仙葩，一个是一身泥巴。这年头母亲还领救济金的穷小子设计个程序、被人以190亿美元收购的盖茨比式故事更让人想起了不起的盖茨比，可是《斯通纳》里的那种凡人，却是生活中的绝大多数。那些暴发户们引起的关注已经够多的了，文学又何必去凑这个热闹？威廉斯这种写法，是对土豪文化的一种反拨。

另外，这种重新发现，也因出版商不甘名作埋没，而借新媒体之力，让其重见天日。这种努力也值得赞扬。现在很多书商眼睛都盯着几个熟悉的、活跃的当代名作家，希望撞大运出上一本畅销书，捞个盆满钵满。要不就是拿已经被奠定地位的作家翻来覆去炒低风险的冷饭。这些做法都不能改变、拓展读者的视野，无法冲击他们的选择。介于上述两类作家之间的优秀作家，有不少被忽略得没有天理。出版界能将其“发掘”出来，功莫大也。

随着《斯通纳》的热门，威廉斯的《屠夫十字镇》（*Butcher's Crossing*）也引起了新的关注。英国《独立报》称其为“伟大小说”。不少论者由此认为威廉斯是西部文学的大师。

不过威廉斯自己在世时，极其反感这种标签。他拒绝出版商将他的这部小说分类归为西部小说，甚至不惜因此拒绝书的再版。

西部小说应起自库柏（James Fenimore Cooper）这类皮裹腿故事，多描述美国西部拓荒时期的英雄人物与定居者、印第安人与执法警官、落草强梁等。这类小说人物比较类型化，故事也比较粗线条，消遣价值多过文学价值。该类型作品多为那种廉价的“一毛钱小说”（dime novel）。这类小说在 20 世纪 60 年代达到顶峰，这也正是《屠夫十字镇》创作的时间。威廉斯自己来自“西部”——德克萨斯,但是他对于这种对西部的类型化十分反感。他甚至认为文学疆界上的“西部”其实并不存在，而是“东边”的人想象出来的，他反感人们将西部文学类型化、廉价化。威廉斯所作的努力，是将类型颠覆，然后灌注新的内涵。他仿佛是要告诉人们，我来告诉你西部应该怎么写！

这部小说写的是四个人物去猎杀野牛的故事。过去我在俄克拉何马的时候，专门去过一个动物保护区，被保护的动物是野牛。美国西部被开拓之前，曾经有大批这样的野牛生活在中部草原上，后来被屠宰殆尽，乃至需要特殊保护，才不至于彻底灭绝。对于那段历史，我一直不清楚，直到最近阅读了《屠夫十字镇》才有所知。

此小说发生于 1870 年左右，西部极其荒野，当时还有大批野牛生活在草原上。生活稳定下来的美国人，有了一个新的时尚，就是穿那种包括牛皮在内的“皮草”。猎杀野牛、剥皮去卖，是西部拓荒者中一个常见的营生。书中的几个主要人物，都是长期经营此类营生，比如带队猎杀的威尔，专门剥皮的施奈德，专门收购皮草的麦克唐纳等。至此，小说应该说是在延续“西部”拓荒精神的文学想象。

但这显然是一个假象式的序幕。威廉斯最终颠覆了人们对大自然的浪漫想象。故事中的一个不能为我们疏忽的背景，是爱默生这类作家笔下的自然崇拜和超验主义，在19世纪中后期很有影响。与西部小说一个明显不同的地方，是这部小说里引入了一个貌似不属于西部荒野的人物——哈佛大学的学生安德鲁。安德鲁深受爱默生的影响，他长期相信大自然有一种“磁力”，相信自己的出路，是“离城市越来越远，退往荒野”。他甚至上过爱默生的课。爱默生在课程上美化大自然：“我变成了一个透明的眼球”，人与自然奇妙合一，“成了上帝的一部分，自由自在，无拘无束”。安德鲁就是带着这种想象，来到了屠夫十字镇，想和大自然亲密接触。小说的题记中，引用了爱默生《自然》中的一段话：

“……一切有生之物，都显出满足的迹象，而躺在地上的牛，似乎都有美妙而安宁的想法。在这被我们称之为小阳春的纯粹十月的天气里，寻找安宁则更有把握。在那广阔的丘陵和暖暖而开阔的田野上，日子无比悠长，略有倦意。一生有过这样阳光灿烂的日子，便不亚于长命百岁了。孤独的地方未必寂寞。在森林之入口处，惊讶的世人，将抛弃他从城市带来的对伟大与渺小、明智和愚蠢的估测。一旦踏入这样的地带，风俗的包袱会从他背上滑落。这里自有一番神圣，它让我们的宗教相形见绌；这里自有一重现实，它让世间英雄无足挂齿。在这里，我们发现自然的境界，让所有其它境界自叹不如。自然如同神灵，审判着所有前来的人。”

实际上发生的事，从各个角度敲打着安德鲁对于自然的认识。那时候交通不发达，铁路也还没有铺设到屠夫十字镇，出去一次猎杀，没有今日坐火车朝发夕至这类便捷。猎手和他的团队，赶着牛车骑着马，长途跋涉。这个过程，都有点像我们《西游记》里的景象。威尔就好比领头的唐僧，他带着三个弟子去深山猎杀野牛，一路上历经艰难。只可惜遇到大难的时候，从未有观音搭救，而是残酷的蛮荒和人的殊死较量。大雪封山的时候，一封就是半年，几个人困在大雪中，只能自己设法活下来，不被冻死、饿死。雪融化之后，过河的时候，又发生了新的灾难。

威廉斯似乎刻意要把人对于西部的浪漫化毁灭了给人看，这似乎都是一种苦心经营的解构。哈佛学子安德鲁跟着威尔，眼看着威尔疯狂地、专注地、残酷地一头一头屠杀着无辜的野牛。动物猎杀是为了填报肚子，只有人，才能越出必需，去过度捕杀，这也是我们人类的丑陋之处。被一个追求自然之美的大学生安德鲁撞见，也算是一种帮其走向现实的当头棒喝。如果说当初威尔只是图财去猎杀的话，后来他已经杀得失去了理性，已经是为了屠宰而屠宰，有论者将其比作梅尔维尔《白鲸》（*Moby Dick*）里那位追到天涯海角也要捕杀白色抹香鲸莫比·迪克的亚哈船长了。问题是亚哈船长好歹是为自己的断腿复仇，而威尔的疯狂，却几乎没有来由。没错，他属下的查理·霍吉断了一只手，但是霍吉也没有什么复仇的怨恨。他甚至是一个敬神的人。只能说荒野这种自然（nature），激活了威尔的本性（nature）。如果硬要给此书贴一个标签的话，我觉得它确实是一部将布景从大海移到草原和深山的《白鲸》。作者颇有梅尔维尔的那种深刻，却更通俗易懂一些。

小说中威尔的复杂之处，是他也没有失去理智，做对自己危险的事情。他非常擅长野外生存，如果没有他设法在雪地求生，可能大家都会冻死。他也能够稳住自己的阵营，有效控制住属下的几个人，而不至于让大家在大雪封山数月的时候，在互相抱怨中把彼此整死。剥皮师施奈德，狩猎不久就觉得杀得太多，可能皮子都无法运出了。可是威尔该放的时候放，该收的时候收，有效地管理着这个脾气已经很急躁、处处心怀不满的团队成员。

但显然这不是什么人依靠意志征服自然的励志故事。人和自然到底是什么关系？答案似乎很明显，是和谐共处。但落在现实当中，零和思维无处不在。人们要不觉得自己应该征服自然，要不应该屈服于自然。后者产生了一种逃逸与归隐的传统。这种传统让人厌恶现代文明，向往荒野的呼唤。这种传统，直到今天都还活着。乔恩·克拉考尔（Jon Krakauer）曾在《荒野生存》（*Into the Wild*）一书中描述过一个真实的故事：一个名叫克里斯托弗的年轻人，从名校艾默里大学毕业后不久，放弃了所有的财产，把自己在银行里的24000元钱全部捐给慈善机构，然后把钱包里的现金烧掉，跑到阿拉斯加，进入阿拉斯加的蛮荒。他背着一包米，一本小说，一张破旧的地图，一支猎枪，最后死在一个废旧卡车里，被猎人发现。法医检查，发现他是饿死的。

鼓励人们逃逸，未必就是一种高尚的作为。你换活法，换环境都是值得赞颂的，但前提是你内心足够强大，你有所追求，而非仅仅是在逃避。人们指望去了某个城市了，或是出国了，自己苦苦挣扎的问题就稀里哗啦解决掉，结果往往不是这样，往往要失望。退往自然也差不多。你如果不发自内心地追求自然，酷爱自然，你指望逃到大自然里面来解决自己内在的问题是不大可能的。小说的另外一段题记，引自赫尔曼·梅尔维尔所著的《骗子》："是啊是啊，诗人把患心病的人送到青草地上，就好比没钉马掌的瘸子马跑草地上练蹄子。诗人把心病当肺病治，以为大自然能妙手回春，这还不是江湖郎中的做派。可是是谁，把我的好伙伴在大草原上冻死？又是谁，把执拗男彼得变成一大笑柄？"

总体上说，这是一个颠覆的故事，颠覆了我们对于西部，对于自然，对于超脱的想象。威尔机关算尽，一帮人在雪地里苦苦生存了几个月之后，到头来却是一场空。牛白死，一伙人白忙。出山之后，时代都变了，就好比华盛顿·欧文的《瑞普·凡·温克尔》一样。为了不提前“剧透”，我就不说他们最后具体的遭遇了，但可以说非常精彩，又颇多哲理。

作者的深刻中有一种悲观。他让人质疑拓荒有什么价值，甚至让人质疑人生的意义。书到末尾，作者借收购牛皮的麦克唐纳之口说：“你们不比你们所猎杀的那些东西强。”老麦克唐纳也洞察出了大学生安德鲁的心境，对于他的失落并没有给出任何安慰，反而是给出了一种验证：“什么都没有。”麦克唐纳说：“你出生下来，你就靠谎言活着，你像断奶一样戒掉谎言，可是到了学校里，你又开始说更花哨的谎。你一辈子都是靠谎言活着的，或许等到快要死的时候，你突然醒悟过来，这世界上什么都没有，除了你自己，和你本来可以做的事情。可惜这些事你没有去做，因为那些谎言告诉你，还有别的事情可以做。那时候你才会想到，本来你都掌握了这些奥秘，全世界都是你的，可是那时候已经太迟了。你都老了。”

作者威廉斯的正式工作，是在丹佛大学做写作教授。他很强调小说提供的愉悦。曾有人问他：“文学是不是用来提供娱乐的?”他回答说：“当然了，我的天，读书如果读不出快感来，那也太蠢了。”可能出于这样的信念，我发觉他写的小说文字流畅，引人入胜。能把一部关于虚无的小说，写得这般精彩，实在是有过人本领。

我觉得他又是一个充满洞见的智者，站在山顶，告诉我们山脚下的人，说那边还是山，除此一无所有。我们不服，非要爬上去看看，结果发现果然如他所说的那样。小说家的使命，不是让我们看见幻觉，而是让我们看见真相，因为真相让我们自由，哪怕这真相，只是他倾其所有，给出的最好的个人解读。威廉斯让我们洞察了他的世界。他的世界观不是玫瑰色的，而是灰暗的。这和当时的社会处境有所关联。那种疯狂屠杀无辜野牛的做法，和当时越战中屠杀平民何异？威廉斯曾经参加过二战中的远征，去过缅甸、印度。战争的经历，或许也让人从新的层面，认识他笔下的猎杀和虚无。

对于读者来说，我们显然不能靠谎言活着，可也不能靠他说的这种虚无活着。未来学家托夫勒说过，人活着，总得要寻找意义、结构和群落。但关键是看我们处在什么样一种社会氛围之下。目前，我们活在充斥着谎言般励志、煽情等伪正能量的日子里。这就有必要偶尔也要读一读另类的声音，震撼震撼一下自己的麻痹，一如安德鲁接受荒野的震撼那样。在出版界，两种世界观下的作品都值得拿来，你我将其摇匀后服用。

“内牛满面”小布什

美国前总统卡特在位的时候，并不大受欢迎。下了台，反成了活宝。世界上有些人不适合当父亲，但适合当祖父，不适合当总统，但适合当前总统。小布什当政大部分时间，我都在美国，一直在观察、批评，甚至嘲笑。他下台之后，倒是颇为怀念。

作为一个前总统，小布什的表现无可指摘。奥巴马上台后，有时候发牢骚，说自己接手了一烂摊子，“这些问题是我继承下来的”。这种说法对前任可大不恭敬。后来，奥巴马修理华尔街、救援大银行，致使民间、媒体批评不断。舆论对奥巴马很不利，此时布什已经无所牵挂，本可报一箭之仇。可是在追问之下，他只是跟媒体说：“他配得我的沉默。”（He deserves my silence.）这话说得很有风度，不落井下石，让人觉得这位道德总统并不是伪装。

退出白宫后，他消失在了德克萨斯老家。媒体零星捕捉到的不过是他在老家的蛛丝马迹。他去五金店买东西，店家说你这人长得好像前总统小布什。他还拿着塑料袋捡狗屎，跟一普通德克萨斯老头没什么两样。这些深居简出的表现，赢得了包括反对者在内诸多美国人的尊重。

最近读了他的回忆录《决策点：布什回忆录》(*Decision Points*)，对他又增添了一些新的好感。这个回忆录写法很独特，不是按从小到大顺序而写，而是分章节写到他一生中的一些重要抉择点，比如戒酒、“9·11”、阿富汗战争、伊拉克战争、卡特里娜飓风等。

战争的迷雾

回忆录突出的是“决策”点。好多事情，一旦成为历史，每个人都随之变成分析家，说得头头是道，但都是事后诸葛亮。

回忆录里，布什说他作为总统，没有这种评头论足的奢侈，他要当机立断。“9·11”发生时，他在给小学生读书，这中间是要突然停顿下来，还是接着读？他需要抉择。他认为，停下来会给学生、家长、国民、世界发出内心恐慌、不能镇定的信息，所以他接着把书读完，才出去面对灾难、去踢敌人屁股。他在小学读书的镜头后来成为迈克尔·莫尔等人批评的把柄。可是，当了解了这种选择的动机后，我们会觉得这类攻击并不公平。

有时候决策还可能牵涉灾难性后果，比如要不要击落一架有恐怖袭击嫌疑的外国客机。这种决策预备时间仓促，后果严重，比如会引发外交的危机，且常常缺乏决策所需的所有事实依据。他常用的一个词是“战争的迷雾”，亦即决策时信息的残缺不全。死鸟谁不会打？一只活鸟在飞，怎么瞄准，何时开枪，才能考验出猎人的水平。我上大一的时候参加学校军训，教官教我们打靶，说瞄准到了七八成，要果断扣扳机。“9·11”是珍珠港事件后美国遭受的最大袭击。危急关头，有个牛仔式总统当政，未尝不是幸事。他有足够的果断，做出一些他人不易做出的决定，比如让飞机停飞。这种时候，如果领导者当断不断，会有更大恐慌。

这本书不像自我辩解，不过作为读者来说，也能看出重要决策背后布什的一些难处。恐怖袭击发生后，来自正式、非正式渠道的消息满天飞。白宫收到了无数恐怖警报，一时间草木皆兵。不久，布什去上海参加亚太经合组织会议，其间切尼打电话来，说有人邮寄了粉末到白宫，可能大家都感染了，都中毒了。工作人员弄了只实验用的小白鼠，让其接触毒粉，看小白鼠过一段时间后是四脚朝天，还是到处跑。要是四脚朝天，“我们就死翘翘了”（We are goners.）。小布什用这种浅近的英文说。世界惟一超级大国的总统和身边要员，居然要看着小白鼠会不会四脚朝天，来了解自己会不会死。

不过这也正是很多决策的难处。回忆录里能看出，总统不是一按按钮，一批人就会出现，将他所需所有情报，清清楚楚报告给他。美国是世界上技术最领先的国家，但可笑的是，发生“9·11”时，空军一号的电视信号都忽有忽无。布什的好多消息，居然来自报纸。其他一些时候，对于他所作所为的反馈，他是从《华盛顿邮报》之类媒体上看到的。从这里我们也能了解为什么他非常气愤情报部门的各自为政。他后来将有关部门关停并转，成立了国土安全部，以便有机会获得比较统一的信息。

平民姿态

书中第二个我最喜欢的内容是小布什的教育。小布什有个很大的优点（也可以说是缺点），是比较直率、不装腔作势。他不喜欢那些书呆子，他的说法是他们“booksmart，sidewalk stupid”。他自己其实一直博览群书，可能比你我看的书都多多了，他的书单里甚至包括加缪的《局外人》。那么为什么他会给人不学无术的印象？是真的不学无术，还是政治圈子内冠冕堂皇的辞令脱离了老百姓话语的常态？

在论述干细胞研究的章节里，小布什说任何一件事情，如果不能用浅显的英语（plain English）说出来，八成有问题。浅近英文，是他对于周围人做汇报的一个要求，其实也应该是我们对于各自的要求。大道至简，一些用学术、官僚、管理术语包装起来的言论，背后往往有诈，或是空洞无物。高峰入云的思想，往往是以清流见底的文字呈现出来。

小布什不怎么介意人们说他没文化，甚至以此开玩笑。他说第一次去耶鲁大学，是孩提的时候，去参加他爸爸老布什的毕业典礼。典礼上他睡着了，“这是我第一次在耶鲁的讲座上睡着”。他刚离开德克萨斯，去上安德沃（Andover）寄宿高中时，发觉周围学生都很厉害。有次写作文，写到妹妹夭折，自己泪流满面，本来写的是“Tears were flowing down my cheeks”，为了不显出自己是德克萨斯老土，他找到同义词辞典，把眼泪换成了华丽辞藻“lacerate”。作文老师看到，给他判了零分。他想到这里毕竟不是德克萨斯小镇，自己落伍了，于是开始挑灯夜战，学得十分刻苦。他的历史老师是个小儿麻痹症患者，对于历史充满了激情，讲到动情处，会抄起拐杖，在黑板上敲打。这位历史老师成了小布什最崇拜的老师，也影响了他后来的专业选择。

回忆录里说他上寄宿高中是出于家族传统，上耶鲁是出于期望，读哈佛商学院却是他自己的选择。从耶鲁到哈佛这一路下来，他接受的是精英教育，可是从政的时候，他选择了平民的姿态。有人说他笨，不过有可能他并不是真笨，而是装笨。出书的事情，他自嘲说大家以为他看书都不会，居然也能出书，他自己都吃惊。

人事得失

回忆录第三大看点是人物。小布什是一个颇会搞人际关系的人，喜欢琢磨人、分析人，对人爱憎分明。他说戈尔过于严肃、乏味、放不开，好像一辈子都在预备着竞选总统。他在书中专门辟出了一章，谈他的人事安排。由于看过父亲当总统，他知道父亲身边人对于行政的影响之大，所以他选人，选的是和自己处得来，又能执行自己意愿的人。从后来的结果看，他的用人犯了不少错，他也没有遮掩这点。书中有非常坦诚的反省。

回忆录也能让人看出他用人的思路“很布什”——比较冲动和执拗——选赖斯当国务卿，是因当初赖斯在他家牧场小道上散步，跟他和劳拉说起巴尔干局势和历史时如数家珍，让他深为钦佩，后来当政后，他没怎么多想，就选赖斯挑起外交大梁；选切尼，应该说有所失误。

可是看了此书后，我发觉把切尼算作野心家，也有失公允。小布什选副总统时，一开始就想到了切尼，切尼拒绝了，说他在达拉斯过得很安逸，不想去华盛顿干。作为老布什的旧部，他同意帮小布什选副总统。小布什于是让他做副总统挑选委员会的负责人。此间切尼工作做得十分缜密，让小布什十分欣赏，于是再次请切尼出马，切尼又推脱说心脏不好，再次推辞。他和其他智囊还表示，他和小布什同样来自德克萨斯，同一选区，无助于拉选票。小布什觉得，除了工作上的配合外，副总统还要在总统不测的时候出任总统，切尼做事应该具有这方面的潜力。因此，他三顾茅庐，把切尼请了出来。他们的搭配，比较同质化，是德克萨斯两哥们儿阵容，不便于争取不同选民和选区，结果却选胜了。

书中还描写到了他和很多国际政要的交往。小布什搞关系很有一套。有次沙特王子来访，因为中东政策，和小布什闹得很不愉快，日程还未结束，就决定提前离开布什的牧场。小布什为了挽回关系，说你走之前能不能让我带你开车在牧场兜兜风？其实小布什已经做过准备功课，知道沙特王子喜欢农业，另外也是很虔诚的穆斯林。王子答应逛他的牧场。路上，小布什跟他谈起了信仰问题，对方一言不发。布什于是接着往前开，带他参观牧场。

突然间，在路边看到一只鸟。沙特王子问：那是什么？布什说：野火鸡。他又开始拉家常，说火鸡差点成为美国国鸟。沙特王子说，这是真主给我的吉兆，今天是我幸运的日子。小布什说他一直没搞明白这火鸡是怎么回事，为什么沙特王子对火鸡这么情有独钟，只是“以前我没见过这只火鸡，后来也没见过”。沙特王子回国前专程去休斯顿，拜访小布什父母，说牧场之行让他如何感动，简直是“Lacerates were flowing down his cheeks”。从此之后，他说他和沙特王子（后来的沙特国王）关系非常紧密。

读一本回忆录的趣味正在这里，外在的故事我们都已经从报章和电视上看过了。但这些细节，这些“其然”背后的“所以然”，只有这些亲历者才能告知。这本回忆录，据说是布什先生自己所写，而非影子写手的代笔，写得还挺有趣，通俗易懂，纯属他跟幕僚所要求的“plain English”。

读书当如帕慕克

帕慕克的作品名字总是带“色”，非红即黑即白，如《我的名字叫红》、《白色城堡》、《黑屋》。这些小说我都还无缘去读，最早接触他，却是通过他的《别样的色彩》。这随笔中的文字，和诗歌一样洗练，体现了帕慕克所推崇的福楼拜式的“精准到位”（mot juste）。本书英译者 Maureen Freely 的译笔也十分优美，不知原文是什么模样，但读到这样的译文也值了。当然，帕慕克自己懂英文，就译文的处理，他也会和译者切磋，这是这样一本译作也能这么耐看的重要原因。在中国，帕慕克目前正走红。其作品《我的名字叫红》售出了几十万册。帕慕克还曾到中国访问。据说此人访问中十分率性，有关单位举办他的作品研讨会请他去，他去了不久就匆匆离席，说是无法听人谈论自己。

恐怕他更喜欢自己谈论自己。《别样的色彩》是他写自己的随笔集，他自己说可以当成小小的自传来读。帕慕克在前言中说：“过去我常讲，有朝一日，我会写一本碎片组成的书。

这本书就是那样一本碎片组成的书。做成一本书，好把我从前试图掩藏的自我的内核彰显出来。希望读者也能这样，通过想象，将那内核组建起来。”

作为一个作家，读书就是一个内核。作家不读书，就好比球员不看比赛，是不可接受的。《别样的色彩》一书谈到了帕慕克生活的很多侧面，但在我看来最有意思的部分之一是看他谈读书。就好比我们到一个人家看书房可知主人性格一样，看帕慕克谈读书，能让我们了解他作为一个作家的“内核”所在。

帕慕克藏书很多，超过万本。伊斯坦布尔大地震时，他曾经藏到书桌下，两边都摆着厚厚的百科全书，由此我们又看到文学与文化的一个另类用途——抗震。薄薄的书页，一页一页累加，中间毫无空隙，竟是人间最耐压的东西了。但后来再次发生的一次地震中，帕慕克的书架在撞击，在发声，和将倾大厦一般，向人发出威胁。换言之，书也能把人压死，书也可能是灾难的同谋。这是一个现实，也是一个象征。那次地震中，帕慕克似乎经历了一个醍醐灌顶的时分。后来他开始扔书，那次地震后他就扔了 250 本。

扔书是个有趣的转折，让人想到藏书的真正目的，应该是去读，去体味，去享受，而不是收集与储藏。藏书非为是要标榜自己的与众不同，用自己读书的众多来吓人。他说他不会做那种经常炫耀的读书人，“动辄炫耀自己在某个偏僻小地摊上淘得的某个珍本”。

帕慕克是个读书人。在土耳其，不读书是正常的，读书的人才有缺陷。帕慕克从小就幻想自己当了作家之后，站在自己作品前的情景。而做个好作家，在很大程度上看你有没有看过好书。他说的读书不是那种常常看到的“新书过眼”，而是从灵魂里“沉浸到书当中”。在那读书的时候，真要一个猛子扎进去才有收获。福楼拜说过，一个人如果认认真真读过十本书就是一个智者了。中国我们也说“半部论语治天下”。与之相比，“博览群书”有时候是一误导，帕慕克说虽藏书万卷，真正心仪的不过十余本。近来态度似是“好读书不求收藏”。在美国，由于公共图书馆十分发达，借书十分方便，这个建议对我来说再合适不过。唯一的遗憾是中文书籍还是很难获得，喜欢的非买不可。

在“图书和阅读”的章节，帕慕克的介绍等于给我们开了一书单：司汤达的《帕尔马修道院》、斯泰恩的《项狄传》、纳博科夫的《洛丽塔》和《艾达》等。陀思妥耶夫斯基的作品他显然最为喜爱，一气介绍了《卡拉马佐夫兄弟》、《地下室手记》和《群魔》。他介绍的书，一本土耳其的作品都没有。有些土耳其本土作家很生气，怎么自己民族的作品，一本都不入他的法眼？帕慕克的回应是：“我的土耳其文学书架上，书越来越少，我在扔那些愚蠢的、平庸的、半吊子成功的、秃顶的、男性的、堕落的、50 到 70 岁之间的作家的作品。”这么大的愤恨，我想他一定是想到了某个具体的土耳其作家，此人大概60来岁，男，秃顶，和帕慕克同时代。鉴于对土耳其文学的陌生，我无法知道这是谁，但有一点是肯定的，他拒绝继续收藏同时代的平庸作品。帕慕克得到了诺贝尔奖，有资格这么无所顾忌。但对我们普通读者来说，也是一样。如果你一直读同时代那些流行而平庸的作品，阅读就无法深入，你就像一只放到瓶子里的蚂蚱，永远只能跳到瓶口那么高。追着风潮读书的人，你们有祸了。

与藏书相比，更大的乐趣显然是阅读本身。在《论阅读：文字和图像》文中，他总结了读书的三个乐趣。其一为遁世与逍遥之乐。读书带来的想象是一种“逃避主义”，人们常认为这是一件消极的事情，但是他问：“逃离日常生活的悲哀，去一个想象的世界度过时光，不亦乐乎?”读书人有时候得有点这种随你怎么说我自逍遥的臭清高。读书乐趣之二为造就与成长之乐。读书提升我们对世界的认识，引领我们的成长，改造我们的灵魂。读书乐趣之三为自知与自喜之乐。他说读书是一个深入的，调动思维的活动。“我们享受这样的冥想，享受想象的张扬，我们知道自己比不读书的人有更为深入的生命，这值得我们去恭喜自己。”如果读书读不出乐趣来。书放在你面前如同对牛弹琴，琴和牛都会痛苦的。若是这样，那么牛人啊，去做别的吧。

他说前面的两个乐趣或许也可通过电影电视等其它手段获

得，但是“文字如水，如蚂蚁”，生命的小小缝隙、洞口、看不见的沟坎，它都可以渗透进去，这一点只有文字能做到，是看原著改编的电影办不到的。

帕慕克的阅读是一种全身心的投入。他认为阅读过程当中，阅读的人、阅读环境、阅读心境都是一体的，且交互作用，将我们阅读的乐趣推向新的境界。比如《帕尔马修道院》中滑铁卢战役的描述，激发了青春的喜悦、生活的愿望，激发出了希望、爱，甚至还有孤寂。作者可以穿越时空，走近你，“将智慧如同耳语一般告诉给我们”。“生命的意义和喜乐是分不开的，所有伟大小说也是一样。”也就是说，伟大的小说一定会带给我们一种喜乐。他说他有时候就把《帕尔马修道院》带着，乏味、郁闷的时候，他会掏出来读上一段，这会让他平静下来。

无独有偶，这恰巧也是我读《别样的色彩》的体验。这是一本我在图书馆一再续借的书。我一直没有看完，一直断断续续在读。有空就拿出来读上一读，一不小心就给读“高”，这样的读品，就是无害的毒品啊。

机遇平等

春节快到了。从新闻上又看到了一年一度拥挤的人潮，听说今年春运人数能达到一亿人。人们奔走他乡，无非都是在寻找机会，让自己的生活更好。一到过年过节的时候，又各自回到家乡，去享受工作机会之外的天伦之乐。

这几天看到的几本书碰巧都和社会流动性有关，但这里说的不是美国圣诞节的“春运”，也不是人口迁徙，而是社会环境和个人发展。每个人在人世间都像是在爬梯子，总要爬到自己最后无法达到的最高一层。这个过程中，有的人爬上去了，找到了自己理想的生活；有的人到了一定阶段之后，就再也够不着下一个梯档；有的人被挤了下来，落到更差的一个档次。

这里需要考虑的一些关键问题是：每个人是不是都在同一出发点上？各梯档之间相隔距离是否合理？每个人的体质有何差异，等等，所有这些因素都会影响到我们最终的流动性。

流动性可分为纵向流动性和横向的流动性。横向的流动性还没有人说过。横向流动性，是指在相同的层面上跨行业、跨职业流动的灵活程度。这种流动性取决于一些广泛的技能，例如管理能力（能让一个人在完全不同性质的公司去做经理）、思维能力（包括创新思维、批判思维等）、沟通能力等。这个话题说的不多，做的不少。周围那些“学非所用”、“专业不对口”，但也做得很好的人，就是横向流动的成功例子。

关于纵向流动，《向上》《*Getting Ahead*》这本书里有非常全面的论述。

纵向流动之一，为同代内的流动，亦即你这一代人一生之内，有多少发展的可能。影响此类流动的因素包括：工作技能、工作经历、婚姻或离婚、工作变化、双职工或单职工、生意的成败等。纵向流动之二，为跨代流动，亦即我们的子女有多少机会超过我们自己的生活，影响这一流动的因素包括家庭背景、教育环境等。在美国社会，家庭背景仍然影响到一个人的发展机会，但是作者认为，这种影响已经缩小。然而到了《迷宫》（*Strapped*）里，作者却提出了完全不同的看法，他说人们本希望通过教育的预备，为年轻人的发展创造机会，但是实际上机遇并不多。另外一本书《机会的幻觉》（*Illusions of Opportunities*）中，作者表示所谓的机遇是一种幻觉。一个人的职业预备或许增添了我们的价值，但是未必能提升我们的价格，后者受制于市场的供求关系。在中国，这样的差异在大学扩招后的毕业生进入市场的时候，体现得特别突出。

社会流动性和社会公正休戚相关。社会公正需要平等。绝对的收入平等，会伤害劳动者的积极性，故而鲜有支持者。平等有两种，一种是结果的平等，一种是机遇的平等。欧洲一些福利社会追求的是结果平等，比如他会通过税收手段，调节社会收入。美国的模式基本上是机遇平等，亦即营造一个相对平等的起点，让不同的人有同样的机会实现发展，最后能否真正发展，取决于个人才能。为了实现机遇平等，美国创造出 Affirmative Action，Head Start 之类社会项目，让过去遭遇过不公的人得到适当补偿，以弥补起初的不公所造成的起点差异，让大家能在相同竞技场上展开竞争，以实际才能为决定成功的关键要素，形成才能社会。在我看来，中国在机遇平等和结果平等上都还有很多文章可做，其中尤其以机遇不平等的问题最为突出。

形成机遇平等的过程中，教育总是扮演着极其重要的角色。从幼儿时期开始，教育体现在我们养育方式、价值观灌输对孩子以后成长的长期影响。在中小学阶段，教育资源的分配也会存在平等问题。在美国，公立中小学的经费主要来自本地的税收，比如房产税。由于各州经济水平的差异，此类经费的差异会一层层影响到教育的各个环节。到了大学阶段，平等也同样体现在机会上。联邦政府或者州政府有什么措施，让上不得起学的人有机会去上学？公共政策可以成为影响平等的杠杆点，比如可利用税收政策和教育经费的分配比例，调节教育资源和机会，让所有人都有均等的“天天向上”（get ahead）的机会。

重现语言的活力

读大学时，我学的是工具专业——英语。这是个万金油专业，很多行业需要。书店里你会看到护理英语、饭店英语、旅游英语、商务英语、外贸英语。不过，大学外文系多为“外国语言文学系”，与文学关联。这个说法很有道理。大学是不少学生接触文学作品的最佳时机，过了这村便无此店，很多人工作后把书丢弃，再不去读。另外，文学通常把英语这门语言最美的一面展现出来。而行业英语，总有一天，你会接触到让自己恶心。

《垃圾英语》（*Junk English*）一书出版时，我在上海的管理咨询和培训业做事。要是当年看到这本书，或许工作“上手”更快。被作者视为“垃圾英语”的语言，当时在上海的外企，恰巧是时尚英语。人们努力把自己的语言，往添了膨化剂一般的英语上攀附。咨询业的很多说法，是约定俗成的行业黑话，和黑道、帮会并无两样，只不过黑道是靠经营赌场、贩毒、抢银行这些方法赚钱，咨询公司靠项目建议书、进程回顾报告和结案报告赚钱。对于业内人来说，这个过程常常是一场文字的长跑。在学校学生写论文，要学美国心理协会或是现代语言协会的学术规范，管理咨询业也有自己的一套行文规范。在这些公司做事，有时像在读书。离职人员通常也叫“校友”(alumni)。大家见面了一对切口，可会心一笑，如地下俱乐部的“秘密握手”。

行话泛滥成灾，便有了大问题。在华外企，除少数高管，职员多为中国人，其间不乏海归博士、工商管理硕士。在海外他们也不过学习自己的专业，往往英文一般，中文更烂，加之对行业黑话霸王硬上弓地加以使用，结果这种垃圾英文遍地都是。我那时从事翻译工作，被迫把垃圾中文译为垃圾英文，把垃圾英文译为垃圾中文，十分痛苦，最后忍无可忍，落荒而逃。《垃圾英语》说垃圾语言如同垃圾食品，后者影响身体健康，前者影响心理健康。

有一些行话的使用无可厚非但很可笑。比如把“结果”硬说成“应交付的产品”(deliverable)，把“利用”硬说成“杠杆式利用”(leverage)。另外，你通常看不到客户公司有什么问题。“问题”这个词，通常都被“机遇”(opportunity)所替代。客户喜称寡人无疾，只求用外人的点子多赚钱，不喜看到“问题”。换作“机遇”，让人感觉良好，继而出钱买单。另外一个常被丢弃的词是“讨论”(discussion)。讨论本无错，无奈“dis”打头，让人想起诸多否定性质的词语，如 dissatisfaction。于是“讨论”没了，变作“对话”（dialogue）。到底有无差别？没有。这悄悄的替换，有时让人生出重新翻译回来的冲动。例如，咨询公司说他们有“全球化的知识”可用，翻译过来，本意恐怕是把韩国某类似项目的报告，大体照搬，改头换面，给客户使用。

当然，也不仅是管理行话中有这种巧妙替换。美国军方把这一套用得更加驾轻就熟。1940 年前，美国有个部门叫“战争部”（Department of War），后来被改为“防御部”或“国防部”（Department of Defense）。“防御部”未必只管自卫，海外战争照打，只是不叫战争，叫“武装冲突”（armed conflict）。“朝鲜战争”变成了“警察行动”（police action），伊拉克战争叫“沙漠风暴行动”（Operation Desert Storm），入侵巴拿马叫“正义事业行动”（Operation Just Cause）。其间的实体变化几可忽略，更多是在“操纵语言”，掩盖“丑陋现实”。

更多时候，垃圾英语的作用不是掩饰，而是浮夸虚假。无良语言如同毒牛奶，中间搀有文字的三聚氰氨。营销语汇中这个现象相当普遍。史密斯介绍，很多商家在营销语言上瞒天过海。产品的价格明明昂贵，但他们会说“仅售 59.99 美元”。一个“仅”字，如天外来客，颇为随机，硬生生安插下来。但是受众常意识不到这种使用的随机，可能误以为这东西本来值 100 美元，事实上它可能只值 20 美元。商家在营销当中，扯小谎者诛，扯大谎者为诸侯。说产品补充维生素，不如说它“完全改变你的人生”。不过，这一套用多了，也会失效，营销者面临不断俗滥的语言和群众日渐提高的鉴别力的矛盾。非有新鲜有力的文字，营销都不会玩得转。

此书介绍了军事、管理、营销等诸多行业的扯淡英语，也介绍了更为普遍的风格问题，比如机器式语言、名词的随意粘连、“寄生虫式的修饰语”等。对于学英语的人来说，它会帮你培养良好的语言使用习惯，也让你抵挡忽悠，时常自省自己的语言使用，自觉避开此类英语。走不出这样的垃圾英语，就不会有语言的鲜活有力。

中文何尝不是这样：营销胡话、学术废话、网络滥调、套话连篇的官腔，何其多也？读者诸君，亮出你的火眼金睛，透过这些垃圾的语言，感知背后的真相吧。此事不仅关系语言文字。文字不仅可交流思想，也可用作英国剧作家品特所称的“烟幕”，挡住不让受众去看现实的原本面目。而今，各国教育界面临的挑战，都是训练学生“批判思维”能力，让人从面目模糊的结论之后，看到使用者本意。识别语言和现实之间的微妙关系，便是“批判思维”的一种训练。帮自己一个忙，摆脱垃圾文字的欺骗和纠缠吧。

太阳底下无新事

《创新的扩散》（*Diffusion of Innovations*）是我们“教育创新”课上的教材之一。然而，罗杰斯的这部著作几乎适用于任何创新和革新。事实上，书中的案例涉及多个领域，多种创新，其中包括具体的产品，也包括创新的理念；包括日常生活中的奇技淫巧，也包括整个生活方式的颠覆。案例中说到了秘鲁村庄中的水井、幼儿园教育、匹兹堡的数学教育、电动汽车的应用、印度和中国的重男轻女、电冰箱的最初应用、美军的秘密军事研发、加州的西红柿种植、手机在香港的传播、戒烟、阿米什人的选择性保守、传真机的推广、互联网的扩展，圣莫尼卡高速公路的快速行车带、数字鸿沟……仅仅是书中的案例，就让人目不暇接了。我用的是此书的第五版，中文译本依据的是第四版。此书的各个版本基本框架不变，但是案例却常有更新。

书中的一些经典案例，如 Dvorak 打字键盘不被应用的案例，在创新研究者当中，几已成为常识。当两个对创新有兴趣的人同时提到 Dvorak 键盘和秘鲁水井的时候，双方一般都会知道彼此都读过《创新的扩散》了。当一个人提到应用者分类（adopter categories）的时候，另外一个人可能会自动联想到扩散的网络（diffusion networks）、意见领袖（opinion leaders）、变革代言人（change agent）这些。不过这些黑话不单是进入同一话语体系的密钥，还是一整套被创新研究者接受的思路。它使得流动性过大、无法开展研究的创新过程和创新推广过程有了自己的语法，不再捉摸不定。它成了一种宏学问，超越于具体的创新产品门类之上。它几乎是放之四海而皆准，这使得此书有几分危险，因为任何如此普遍的东西，总有一些让人警惕，怀疑它是不是包治百病的江湖膏药。但此书的宝贵，不在于它提供了多少技术层面的方法，而是在审查创新和创新扩散过程中的原则和思维。

比如在对创新的认识上，作者并不认为创新是一种绝对的新，说到底，如圣经所言，太阳底下无新事。所谓创新，多半是在使用者的认知中未曾接触过的东西。这种定义，给创新本身增加了弹性，让人意识到，我们可以借用创新和现有事物的类似，暗渡陈仓地将创新产品推出去。创新的扩散并非是对旧有选择的摒弃，而是让新产品为我们造福的同时，又不让我们伤筋动骨地和过去割裂。说到底，人是叶公好龙的。我们都说自己喜欢新生事物，喜欢变革，其实并不是，人的本能是抵抗新生事物，是不愿意走出自己的舒适区。如果割裂创新和传统的联系，创新的推广者将会面临失败。反过来看，如果我们把握了潜在用户的特征，创新的推广会如虎添翼。人们都以为北美的阿米什人连电都不用，那么他们对创新产品可能是避之而恐不及，非也。阿米什人的守旧，主要是出于宗教信仰，如果你的创新产品不与其信仰发生冲突，他们接受起来比一般人还要快。照常理，我们会以为和尚道士不会去用手机，你去寺庙道观里看看，他们或许也都用起来了。

《创新的扩散》一书研究了创新过程中的各个环节，比如创新产品产生的过程、创新决策过程、创新产品传播开来所需的要素、创新的程度、创新接受者的种类、创新的影响等等。每一个章节都值得写篇单独的评论。在每一个章节，作者都给出了十分生动的案例，比如创新产生过程，作者就列出了著名的秘密军事研发基地“臭鼬工厂”（skunk works），并将这一军事领域的产品研发和企业的产品研发神奇地结合起来。此书我相信影响了很多企业界人士，因为仅就臭鼬工厂一例，就已经有很多企业开始效仿，并在产品研发领域见到了成效。

此书的一个重要价值，就是将创新的应用具体化了。世界上的点子千千万，到头来成为产品的不过百中有一，成了产品而又能成功的，更是凤毛麟角。为什么很多新产品无法被大规模推广，这里有创新本身的原因，比如新的产品、服务、观念等是否具有相对的优势，是否与用户的使用环境兼容，它的使用是否复杂，它是否可供尝试，效果是否显而易见等等。另外，创新应用的决策也非常关键，如果是集体决策，创新的经营者却去主攻某个个人，或许会收效甚微。相反，如果是权威决策，创新的经营者却去遍地撒网，同样也会失之低效。同样关键的还有沟通的网络（communication channels）、社会系统的性质（nature of the social system）、变革代理人的推广（change agents' promotion effort）。如果我们反思曾经失败的产品，十有八九会发现，产品的经营者可能是在以上一个或者多个方面产生了失误，才使得创新遭遇滑铁卢。作者在以上每个变量上，都列出了成功的要素，或者是失败的祸因，并给出了大量的生动案例。

创新扩散的具体发生过程，也是本书的亮点。一般情况下，一个新生事物到底是如何大规模扩散开来，简直是个黑匣子，没有人知道中间发生着什么。近年来，也有很多人试图尝试解释这一过程，比如热门书籍《引爆点》（*Tipping Point*）让人看到了一个新生事物之所以流行开来所必备的一些要素，可是此书的个别人物法则（the law of few）、附着力因素（stickiness factor）和环境威力（power of context）听起来像是玄学。它能提供事后诸葛亮式的反思，可是并不能有效地让你去规划你的创新推广过程。罗杰斯则实际得多，他要你去找意见领导者（opinion leader），去建立推广的网络（diffusion networks），去识别创新者（innovator）、早期应用者（early adopter）、早期大多数（early majority）、后期大多数（late majority）和滞后者（laggards）并各个击破。他将个别人物法则、附着力因素和环境威力等具体化了。

此书可读性很强，但并非时下我们常见的那种雨过地皮湿的流行作品。它发源于关于创新扩散的一些实证研究，如美国早期的农业社会学研究、公共健康和医疗社会学研究、沟通研究、营销和管理研究等。大量的文献研究和数据支持，使得作者关于创新的很多论断根基扎实，有根有据。作者几乎开设了一个新的学问，就是“创新学”。作者追溯了创新研究的渊源，如一个多世纪以前欧洲的社会学和社会心理学家加布里埃尔·塔尔德（Gabriel Tarde）所作的《模仿的规律》（*The Laws of Imitation*），以及德国人格奥尔格·齐美尔（Georg Simmel）的“陌生人”理论。作者同样开启了继续研究的一些道路，他列举了创新研究的一些种类，以及各种研究自身的不足。

罗杰斯的著作文笔生动，却又思维严谨。学术界以《创新的扩散》为教科书，因为它是严肃的社会学研究著作，其中也有对创新研究的回顾和展望。可它在非学术界也一样受欢迎，因为它提供了明确的指引和思路。此书第一版出版于 1962 年，1971 年、1983 年、1995 年、2003 年又相继出了此后的版本，几乎是每十年出一新版。显然，目前在创新领域，还没有什么著作的地位能和它抗衡。

任何新观念和新产品的经营者都应该拿此书过来一读。事实上此书也会给决策者和营销者诸多启发。很多营销者总以为新产品营销的关键是把产品的信息给推出去，却忽略了接受信息者的不同。如上所述，你让某个关键人物（意见领导者，变革代理人）掌握了你的营销信息，或许要比四处撒网有效得多。建立一个新产品的推广网络，或许也比上电视做广告更为有效。有时候，我们并不是看电视上的明星在用什么，我们或许更在乎我们的邻居在用什么。如今的营销者过于依赖大众传媒，甚至借助传媒，形成了一种促销暴力，绑架了我们的注意力。我们多多少少都患上了广告疲劳，比如形形色色的补脑补钙产品。我相信未来的新产品营销，应该提供这本书里所言的一些其他选择。如果我们严肃对待我们所要推广的创新，而不是捞一把就死，我们更需要在创新扩散的各个环节做文章。比如有的时候，在扩散网络上花一分钱，或许要比在受众传播中花一块钱还要有效。从这些方面来看，新产品、新观念的促销者们的很多钱，根本就没有花到刀刃上。布什的第二任竞选过程中，宗教保守实力构成了一个非常庞大的"推广网络"，免费给布什从事宣传，结果布什胜出的时候，克里根本无法理解，"我怎么会败给这个白痴?"要知道，有一个庞大的推广网络在为布什免费运作，这即便不是成功的关键因素，至少也是其成功要素的其中之一。假如我们在新观念、新产品的推广过程中改用推广或扩散，而不是"营销"这个词，效果会如何呢？很多时候，我们作为用户，缺的不是营销的信息，不是各种各样的认知（比如对产品品牌、产品利益、产品价值、产品联想等等），而是有了这个认知之后，有什么因素在影响我们的决策，让我们最终决定应用或是拒绝。知易行难。这个年代不缺信息，我们缺的是决策所需的启发或者推动。有很多着眼于"知晓度"的营销都是短线行为，它会形成此书中所说的创新应用的常态分布（创新的应用会爬升，达到一定数量后再滑落，让人想到常态分布图上的钟形），而不是创新者所渴慕的

S型分布（创新的应用曲折上升，在一定的高位形成稳定）。

此书最大的不足，就是假定所有创新都是好的。作者并没有这样陈述，可是从此书的内容上看，作者一直在探讨如何让创新观念或者产品活起来、用下去。事实上很多时候，新生事物不一定就好，正如旧事物不一定就坏一样。比如某些社会运动相对于当时的社会而言，未必不是新生事物，而且创新的酝酿和推广过程，用罗杰斯的方法来衡量，非常成功，可是并无益处。农村开发过程中，收买农民土地，让他们进入附近矿厂打工，开始一种新的生活方式好不好？可是西部有些地方在让人们走出土地进入金属矿区打工后，却遭遇国际上某些金属价格的大幅度下滑。投资人可以一走了之，脱离了旧的生活方式，又不能享受新的生活方式的这些人怎么办？如果是为了一点蝇头小利而让环境万劫不复，让民生艰难，这样的新生事物，不要也罢。“创新”、“革新”、“创意”、“新生事物”……所有这些词都蕴涵着一种认可，而这种认可，可能是这些文字的所指并不配领受的。

我们甚至可能需要专门下功夫去了解如何阻挡这种革新。或许有人应该再写一本《殂击创新》，告诉破坏性的创新如何能够有效阻挡或抑制。

左撇子的新思维

我去心理辅导系拜访系主任的时候，系主任听说我是课程设计师，立刻推荐我看《全新思维》（*A Whole New Mind*）。作者丹尼尔·平克（Daniel Pink）以前是白宫撰稿人，是前副总统戈尔的主要演讲撰稿人。众所周知，美国的信息公路首倡者就是戈尔。戈尔在入主白宫失利后，开创了“潮流电视”（Current TV），其概念和博客、维基背后的“开放源代码”思维类似，是让平民百姓也能够制作自己的电视节目。这位前副总统绝对是个科技官员，是个走在时代前面的人。可是就如1926年的《哲学故事》（*Story of Philosophy*）作者威尔·杜兰特（Will Durant）所言，任何科技，总是以哲学始，以艺术为终。科技本身一般来说并不是终点，而是过程，是手段。

平克和戈尔一起在科技思维中摸爬滚打的时候，悟出了科技尽头的一些东西。在开始写作此书的时候，他的想法可能还显得有些超前，可是书一出来，人们发现周围好多现象，简直就是书中描述的真实写照了。比如论搜索引擎技术，Google不一定最为先进，但 Google 将技术和设计巧妙结合，在别人做加法，让自己页面功能越来越多、唯恐什么没收录的时候，它做减法，结果脱颖而出。照平克的说法，失败者犯的就是过剩症。什么叫过剩症，无需解释，去任何一个门户网站看看便知，尤其是新浪，恨不得把整个天下都收入囊中，一网打尽。可怜我们读者，在它面前早就产生了过剩疲劳了。

从美国人的角度来写，平克看到的另外两个问题一是自动化，一是亚洲。这三个问题相互牵连，构成了美国劳动者所面临的三大威胁。关于自动化，平克举了一个美国版的“铁人王进喜”为例。在电动钻头出现之前，挖隧道一直是人在挖，约翰·亨利就是个钻探能手。他对电动钻头挖隧道的做法不屑一顾，说怎么能和自己这样的劳动能手相比？有一天，他发起了一场比赛，和钻头比赛，双方一起挖隧道，结果约翰·亨利胜利，但是力竭而死。平克说，在信息时代，我们同样发现，有些工作机器可以比我们做得更好，著名的案例是象棋大师卡斯帕罗夫大战计算机深蓝的故事。卡斯帕罗夫说他一秒能 3 到 5 步，那么深蓝呢，深蓝能想到 3,000,000 步。平克认为这就是信息时代的一个约翰·亨利式寓言。单纯的逻辑思维活动，电脑已经能够自动化处理了。电脑不能处理的，还可以外包给亚洲，尤其是以英语为母语的印度。这个国家在承接越来越多平克所说的“初级白领”的工作，成了“世界办公室”。那么西方人在就业选择的时候，应该问自己三个问题：

1. 海外有没有人能用更便宜的价格来做同样的事？

2. 电脑能不能用更快速度做此事？

3. 我所要提供的产品和服务在这过剩年代，还能否产生需求？

平克提出这些问题，并不是要我们去宏观地看世界，而是要我们微观地看自己。说得再具体一点，看看自己的大脑。平克自己做了一件很可笑的事，他跑医院去做了一次核磁共振成像，分析自己在从事不同脑力活动时左右脑的不同反应。关于左右脑思维的不同特征，平克的说法并无新奇之处，比如左脑处理信息是依次处理，右脑则是同时处理；左脑处理文字，右脑则看背景；左脑处理细节，右脑处理全局，等等。左脑和右脑的功能区分，据说在古埃及就已经被人发现。前些年在培训公司做事，我们也接触了不少关于“全脑思维”的培训。这都不新鲜。新鲜的是平克提出了一个“左脑主导型”职业（律师、医生、会计师、工程师）和“右脑主导型职业”（艺术家、设计师、领导等）这样的区分。平克还说，如今的“成功”一词的拼写为M-B-A（工商管理硕士），不久的未来，成功这个词应该写成M-F-A（Master of Fine Arts，艺术硕士）。他说所有的企业都在把设计提高到企业的首要位置，连通用汽车这样制造汽车的公司，也说自己是设计公司，而不是汽车公司。

联系到刚才说的过剩、自动化和亚洲三大挑战，平克解释说，左脑主导活动的产物有很多都已经过剩，要么可以自动化，要么可以外包出去到亚洲，然而右脑主导的活动却大有潜力可挖，而且无法在过剩、自动化、亚洲的挑战下被取代。

这些说法都有些危言耸听。要是左脑功能真变得这么不重要了，平克老兄，我可不可以拿块砖拍向你的左脑？

但是作为问题分析，特别是3A分析，很有些道理。遗憾的是在随后的应对方案中，作者的提议有点虎头蛇尾，让人难以信服。

据说右脑对应左手，左撇子右脑发达。我们这些可悲的右撇子啊，也不妨停下来思考一下，假如右脑思维真的成了后信息时代的竞争力之源，我们应该怎样去开发自己的右脑呢？用左手写博客会不会有帮助？

对了，吃什么能补右脑呢？

当然，吃什么也补不了右脑。左撇子的右脑更发达这也可能是事实，但是平克的书再怎么流行，恐怕也没人愿意半身不遂。

平克所强调的“右脑主导式思维”到了书的第二部分，就变成了“六个感觉”：设计、故事、协同、移情、玩耍、意义。照平克的说法，这都是右脑主导的，所以作者没有用“思维”这个容易让人想到逻辑的字眼，而是用了“感觉”。好一个六大感官生死令。

这中间的移情、协同、意义均属老生常谈。“移情”（也译同理心，似乎更准确一些）在《高效能人士的七个习惯》中似已提过。它是让我们从自己的角度里跳出来，使用迷魂大法，附到他人身体上，用他人的视角去考虑问题。现代社会人的沟通越来越难，大家各有各的立场和诉求，说起话来鸡同鸭讲。沟通惟一的希望就是我们能够“移情”，能从他人的角度去看待自己的问题，否则我们都是那只井底之蛙，永远都会觉得自己头顶那方寸之地，就是我们全部的天空。移情并非为着别恋，让我们失去自我的立场，而是知己知彼，从一个更为全局的眼光去看待问题。可是你或许会问，大家都移情思维，结果那还不一样？问题是并非所有人都能移情思维。说穿了，就是必须有人作出让步。这似乎不是思维的问题了。

“协同”是本书最没有价值的一个章节，无非是说不能只见树木，不见森林，而应去看“全局”，此说并无新奇之处，只是我们并非任何时候都能跳出细节去看整体。一个工作永远是在做“细节”，连下一道工序是什么都不了解的人，看“全局”有什么可能？又有什么意义？可是读此书的人，大多并不是这种生产线上负责给某个零件打孔的工人，而是需要和其它环节和外界有很多互动的所谓知识工人，他们看全局的必要性，显然要大得多。

“意义”可以是一个宗教，一个马丁·路德·金式的梦想，一个牵挂，一个盼头，一个责任，它使得我们活下去，不那么像行尸走肉。当我们仰望星空的时候，我们不再觉得自己的生命如微尘那样毫无价值，像泡影那样虚无缥缈。对意义的追寻，让维克多·福兰克尔（Victor Frankl）从纳粹的集中营中顽强地生存下来，并写下了《人类对意义的探索》（*Man's Search for Meaning*）这样的醒世之作。可是至于如何追寻意义，作者语焉不详，落入了“假如给你2000万，你会用来做什么”这样的窠臼。让人觉得这么宏大的一个话题，怎么就是这个仓促的结局，真如贺拉斯所说的那样，“大山临蓐，生下老鼠”。其实对人生意义的追寻，落到最后，可能都要进入宗教层面。可是他又不愿意过多讨论这样的话题。他是怕这样的话题会得罪一些世俗团体，从而影响书籍的畅销。这种可能的顾虑使得文章对意义的描写显得过于轻浮：似乎看几本书，做做瑜伽和冥想，就能找到意义了。

本书六大感官写得最为出色的是“设计”。设计是最近几年突然火热起来的一个新领域，可是设计作为一个领域，也是刚刚开始兴起的。从前人们谈到设计，总是让其有所依附，如平面设计、产品设计、教育设计等等。在中国，设计多和美工联系在一起。而在平克看来，设计是一种更为宽泛的概念，是现代艺术博物馆馆长保拉·安特那利（Paola Antonelli）所说的综合艺术，是“技术、认知科学、人类需求和美学的结合”。平克认为，设计应该从艺术的殿堂走出来，应该“民主化”，应该成为一种普遍的感觉或技能。平克说，选票设计的问题，有可能在布什-戈尔的选战中，起到了决定性的作用。而在我们的日常生活当中，小到字体的运用，大到事件的规划，设计无处不在，成也设计，败也设计。结合到本书一开始所说的“过剩症”，平克指出，过剩使得产品和服务的功能性都达到了饱和，产品之间的区分都要靠设计来创造。设计创造生意，生意就是设计。

本书的第二个亮点是“故事”。议论性的表述，多半有漏洞可钻。加州 Greenhaven Press 出版社出了一套“正反碰撞”（opposing views）丛书，专门将对立的观点摆在一起。比如在《工作》（*Work*）这本书中，一方说“教育应培养具体劳动技能”，另外一方就说“教育不应培养具体劳动技能”；一方说“政府干预会增加就业”，一方说“政府干预会造成更多失业”。细看起来，似乎各方都有道理。没有什么事情是绝对的。人们厌倦了议论的是是非非和事实的枯燥乏味之后，转而去追踪可能包裹着很多真知灼见，却又以一种平易近人的方式展示自己的故事。如今企业上市，策划者要策划出一个“故事”，因为很多股民的购买决策，并不是专业报表，而只可能是一个内幕“故事”。管理者关于“变革管理”的论述汗牛充栋，却谁也不比《谁动了我的奶酪》畅销；关于员工管理的书籍很多成了厕所废纸，《水煮三国》这样的著作却异军突起，格外畅销。人们已经厌倦了信息时代将智慧和知识压缩成 PowerPoint 式的新型填鸭，人们渴望鲜活的故事，生动的描述，让复杂的道理润物细无声地走向我们的思维。很简单，认知科学家

Roger Schank 说："听逻辑分析不是我们的本能；一听故事就明白，这是我们的本能。"书中还说，从这个角度去看，现代企业的董事会和原始人的山洞没有什么两样："我们都困惑地坐在那里，等着智者来给我们讲故事。"

本书的第三个亮点是"玩耍"。这并不是说要去游手好闲去玩耍，不工作，而是让我们尽量给工作注入好玩、幽默、嬉戏这些要素。这种"好玩"的心态和工作本来水火不容。汽车大王福特就曾经开除过上班时间发笑的员工。福特和李大钊的看法很类似，工作就要工作个踏实，玩就要玩个痛快，可是你不能既工作又玩，你不能笑嘻嘻地工作。可是平克说，这已经玩不转了，玩的反义词不是工作，而是郁闷。任何把事情做成功的人，几乎都是带着极大的热诚。适当的幽默，能够消除很多工作中的矛盾。现代人的压力，往往就是因为工作的人是 Homo sapiens（man the knower），而不是 Homo Ludens（man the player），这种异化成了我们大部分压力和郁闷的来源。日本人板着脸去工作，下了班去喝酒，结果自杀率极高。

关于玩耍的第二个提议，可能游戏商最喜欢。作者认为电脑游戏并不是在残害青少年，如果运用得当，游戏可以用来帮助各行各业的人提高绩效。比如美国特种部队发现训练效果不佳，而士兵热衷于游戏后，某长官突发奇想，干脆用游戏来教学，结果出奇地好。游戏或许无法取代实弹射击之类训练，却在比较高级的情景模拟（比如营救人质）中起到了非常积极的作用。

快乐工作和这种游戏学习的说法可能都经不起严格的推敲，可是同样需要摒弃的思维是福特式的工作和乐趣的分离。很简单，我们都不希望自己周围是成天板着脸的同事。但是平克没有说到的是，一个成天在边上嘻嘻哈哈、家长里短的同事，我们同样也会厌烦。“玩”这道佐料，加多了味道就不好了。

本书最大的缺陷，就是作者提出了“从信息时代到概念时代”这么一个哗众取宠的标题。信息时代（information age）这个 age，不同于我们人的 age，人去年 18，今年就只能 19，时光无法倒流。信息时代就是死掉，一时也断不了气。事实上，它的先人“工业时代”、“农业时代”也都还没有死掉，大家还都在四世同堂地活着。作者自相矛盾，违背了自己先前提出的“协同”说，认为这是一个取代一个，你死我活的问题，倒还不如中国人说的“多种成分并存”呢。提出了“右脑主导”型思维的作者，却被自己左脑的线性思维打败。作者大概是在“吃左脑补右脑”吧。

爱什么不能暧昧

《乱世佳人》中，白瑞德要离开前，斯嘉丽绝望地问："我怎么办，我怎么办?"白瑞德冷冷地说："亲爱的，老实说，这不关我事。"不知这可不可以入选电影史上最经典的台词之一呢?我觉得最大的残酷并不是这种绝情，而是当断不断，把人吊在那里。

保持多项选择，而不主动把一些门关上，未必是好事。

记得有一段时间，企业里流行"多元化"战略，分散投资，不把鸡蛋放一个篮子里，以为这样的分散就能分散风险。就这样，一些明明在做房地产的企业，也旁涉其它营生，进入自己根本不熟悉的业务。某著名国际咨询公司，居然建议一电子巨头开网站，做电子商务。我相信这个歪招后来没有用，否则死定了。因为你把自己摊得太薄，就没有了进取的爆发力，那样必定是举而不坚，坚而不久，最后早早凋谢。

丹·艾瑞利（Dan Ariely）在《可预见的荒谬》（*Predictably Irrational*）一书中，写到了"选项太多"的祸害。

在这一章节，他以中国历史上的“破釜沉舟”故事开头。他说给自己留太多选择，让所有的门户都开放着，也是人类的荒唐之一。他和一些教授一起做过实验，设计了一程序，让学生点击不同颜色的门，根据得分给予奖赏。实验有不同的情景，有的情景中，你长期不点的门，会永久从屏幕上消失。有的门，你不点会消失，但是消失后，你再去原来位置点击一次，它又会回来。即便在后一种情况下，参加实验的麻省理工的高材生们仍旧不停点击所有这些门。这几乎是一种疯狂。

作者说不知道他脸上有烧伤疤痕还是什么缘故，很多人都愿意向他敞露心扉。比如有姑娘说自己两个男朋友，老的舍不得丢弃，新的又十分向往，结果就这样脚踩两只船两头晃，最后失去的是青春。有的人在两种照相机的型号之间犹豫，结果为了省下一点钱，错失了多少照相的机会。他说有一种后果，是不能果断做决定的后果。

1941 年哲学家弗洛姆写过一本书，《逃离自由》（*Escape from Freedom*）。说人们面临的问题，不是机会太少，而是选择太多。美国什么东西都有几个甚至无数个选择给你，这种情形造成了个人的和社会的资源浪费。落实在教育里，我们所用的课程管理系统，如 WebCT，Blackboard，都有同一个文件或教学活动多处存放的功能。比如一项作业，可以放在“作业”下面，但是在“课程文件”里面，你同样可以提供一个链接，这样学生不管往东走往西走，都绕不过这些作业。听起来似乎是个很好的主意。但是同样一个内容反复出现，也让人很腻味。所以现在我给老师建议的时候，都主张他们不要把同样的东西放不同的地方，反倒搞昏了学生的头。把材料制作出来，还怕他们找不到，未免太娇惯学生了。真要强调多路径学习（multiple paths to learning），你干脆送到学生宿舍，送到他们睡懒觉的床头好了。同样，我也不主张网站设计中，一个媒体文件用多种格式保存，方便不同的学生。学生打不开 wmv 格式不能学习如何打开，不能去 Google 需要什么样的程序啊？这都太娇惯他们了！老师的精力，学校的精力，应该放在学习内容上，而不是如何去迎合学生逐渐多元化的需求，因为这种打活动靶的游戏，你让老师去参加，是不切实际的。

同样，在网站设计的时候，如果我们追求条条大路通罗马，让用户用不同的选择都可以实现某个目标，反而有可能把网站做乱掉。做网站毕竟不是打地道战。我觉得最好的办法是一个萝卜一个坑。不要挖许多坑，萝卜一头栽到这里也可，栽到那里也可。你给用户选择太多，用户反而会生气，不是用户不好侍候，是你让他们的生活更为复杂了，难道不是吗？我们一个老师说过："If you give students too much rope，they hang themselves." Give somebody too much rope 意思为给某人太多弹性，但是字面的意思是太多绳子，你给人放线放太多，他会把自己绞死。或者翻译为：你给一个人弹性太多，他会把自己弹死。

《日常事物的设计》（*The Design of Everyday Things*）一书，

也讲过这个问题，就是设计的时候，得注意一个对应（mapping）的问题，你得尽量将所指和能指的弹性缩小，一个对应一个，这样才真的方便用户。比如汽车设计，假如你按这个组合也能倒车，踩那个地方也可以倒车，那么如当年轰动的宝马撞死农妇的惨案，尚不知要增加几成？

历史篇

古奥运的传承

现代奥运会，通常是国家组团参加，有了很强的国与国竞技的色彩。在美国这里，我问过周围很多人，他们看奥运是看的什么。很多人说是“喜欢”。奥运一过，大家也就给忘了。但是很多体育组织，希望借此机会，宣传体育运动，或是宣传保健。通常情况下，奥运会召开时和之后，能让很多体育项目热门起来。菲尔普斯在北京连续夺冠之后，美国各地的游泳场馆培训班人数都显著增加。

最近我看了一本关于古代奥林匹克运动的通俗历史书，想借此了解“奥林匹克精神”到底是什么，和现代的体育精神有无关联。这本书名叫《赤裸裸的奥运会》（*The Naked Olympics*），作者是一位生活在曼哈顿的澳大利亚人 Tony Perrottet. 这本书力求从诸多历史的碎片中，“还原”古希腊奥林匹克运动。

在古希腊看奥林匹克比赛，是一件很考验人的事情。奥林匹克比赛期间各城邦休战，路上没有了平时的兵荒马乱，但前往奥林匹亚的路，动辄几百英里，多半要靠步行，经常是要走半个月一个月才能到。路上还会遇到那种黑店，《水浒传》里孙二娘开的那种，谣传客人吃出手指关节的情况都有。到了比赛地的体育馆，条件也很不好。体育馆（stadium）一词，意思就是“站的地方”，当时观众都是站着观看，甚至一天到晚这么站着，上面也没有什么遮盖，很多人中暑。周围人多日不洗澡，浑身汗臭。体育馆四周缺水。以“水生万物，万物复归于水”知名的哲学家泰勒斯，据传是看奥林匹克时脱水而死。这里住的地方也没有，唯一的客栈仅供各国使节等人使用。其余的人，四处搭建临时的棚子凑合。祭祀牺牲的骨头、烂菜叶到处都是，苍蝇乱飞，导致疾病流行。

即便这样，当时观看奥林匹克的愉悦，把“现代奥林匹克、巴西狂欢节、梵蒂冈的复活节弥撒和参观环球影城加在一起也抵不上”。是什么吸引了这些古希腊人？奥林匹克精神到底是什么？从书里看，古代奥林匹克运动是生猛、性感、野蛮的。

除了我们今天说的和平（奥林匹克期间的休战）之外，古希腊奥林匹克也包括极端的竞技精神。当时的希腊，如同我们的战国一样，纷争不断，这也让希腊人崇尚竞技和体力，最为典型的是斯巴达勇士的精神。希特勒就极为欣赏这种斯巴达精神，觉得雅利安民族就继承了斯巴达精神。

古代奥林匹克精神也包括对公正的追求。不论在什么时代，借着比赛一举成名、从此荣华富贵的诱惑，总是会让少数运动员铤而走险。和今天服用兴奋剂不同，当时很多人试图用咒语诅咒对方选手。考古学家今日发掘出了很多“咒语牌”，上书诸如“诅咒他连起跑线都闯不过，即便过了起跑线，也愿他中途脱离赛场跑道”。这可能是赛马车比赛前的诅咒。为了防止这些“作弊”行为，开幕式上，运动员必须宣誓不使用不公手段赢得比赛。这个过程也和咒语本身一样形而上——宣誓是在宙斯像下，在血淋淋的祭品之前。

古代奥林匹克运动，也是希腊人适中和谐、全面发展精神的一部分。比赛并未和其他的生活空间割裂开来。比赛期间，文化人也借着这个平台来宣传自己的作品。诗人穿着白色的衣服，在神庙的台阶上，大声朗诵着自己的作品。不过作者称希腊普通人文学素养颇高，容易区分优劣。一些王公大人也来这里附庸风雅。西西里暴君狄奥尼西奥斯，甚至还请了专业演员朗诵自己的诗作。不过诗实在写得太差，观众愤怒之下，洗劫了他的帐篷。可惜在今日的奥林匹克比赛，文艺界也就残存了一些歌舞艺人，好像没诗人和哲人什么事了。

奥林匹克精神也是一种享乐精神。当时的奥林匹克比赛，本身就是一场盛大的狂欢。年轻人在这里欢宴；妓女在这里卖淫，五天能挣一年的钱。说来也怪，当时道学家并不反对奥林匹克期间的滥交，认为这样可以让人在一年其余的时间维持自己的婚姻。这里还有玩杂耍的，看手相的，算命的，卖各种奇珍异宝的。律师在慷慨陈词，戏剧家在朗诵作品。

古希腊的奥运会，把竞技精神推向了极限。除了我们今天知道的赛跑、拳击、标枪等运动之外，还有一些非常“劲爆”的比赛，比如一种叫 pankration 的扭打运动，只要你不把对手眼睛抠出来，别的再野蛮的举动都可以，连掐死对方抠出对方的肠子都在规则允许之内，十分残暴。

奥林匹克的刺激，吸引了无数希腊人。罗马皇帝尼禄，公元 67 年也参加了比赛。他暗中行贿，把诗歌朗诵列入议程。他还获得了马车赛车比赛的第一名——实际上他比赛中从车子里掉了出来，没完成比赛。当时的希腊人“玩物丧志”到了什么样的一种程度呢？在希腊和波斯战争的最激烈期间，少量斯巴达勇士在抵挡进犯的波斯大军，但是成千上万身强力壮的人——在观看摔角决赛。

诚然，奥林匹克运动，今日多和国家荣誉联系在一起。不过不管是古希腊，还是今日美国，将奥林匹克运动和国家精神绑在一起的倒是不多。反倒是纳粹德国这样的国家，热衷于借助奥林匹克弘扬国家精神。今日我们认为象征着奥林匹克精神、象征着人类大同的奥运会火炬接力，并不是来自古希腊，而是纳粹德国于 1936 年揉合了古希腊的“圣火”和火炬接力（并不是在奥林匹克运动会上举办）等传统而成。纳粹德国希望借着这样的活动，激发大众对于该国的认同。

这本书名叫《赤裸裸的奥运会》。在古希腊，奥运会选手真的是裸体参加比赛的。身上涂着橄榄油，一丝不挂。不知何故，已婚妇女禁止观看比赛，违规者会被从悬崖上扔下摔死，不过该规定也没有真正执行过。但少女又可来观看，甚至参加比赛，包括裸体摔跤。裸体的规定，据说是因一位雅典选手跑步当中，裹在裆部的布掉了下来，把他绊倒了，所以城中长老宣布从此之后，比赛必须裸体。也有一说是，跑步选手米加拿的奥司普斯（Orsippos of Megara）声明，裸体跑步速度更快，他在公元前720年获得的奥林匹克短跑赛冠军，从而证明了裸跑的好处。但是更主要的原因，可能还是为了展示人体之健康健美。传到后世的花瓶图像上，有肥胖青少年被人耻笑的场景。

如今，带领美国奥林匹克前往伦敦参加奥运会的美国第一夫人米歇尔·奥巴马，也在诸多场合宣传用奥林匹克精神，激励青少年参加体育锻炼，以降低美国青少年的肥胖率。米歇尔·奥巴马还与来访的英国首相夫人一起，在美国中小学举办“迷你奥运会”，促进中小学学生对于体育运动的爱好。她还是一家专门针对肥胖症的组织——美国健康生活协进会（Partnership for a Healthier America）——的名誉主席。她利用奥林匹克运动激励青少年的做法，随即得到了美国奥林匹克委员会的支持。或许，这种借助奥林匹克来激发体育锻炼、强身健体的精神，倒一直是奥林匹克精神的本原。现代奥林匹克，也因此少了古奥林匹克的野蛮生猛，传承了它对健康和健美的崇尚。但愿世界各国，不要把奥运精神限制在国家竞技上，而去利用这比赛的时尚，激发青少年去做更健康的人。

不穿越无理解

刚过去不久的二十世纪，是一个把古希腊格言“认识你自己”用到淋漓尽致的世纪。弗洛伊德的精神分析，把现代人洗脑可洗惨了。很多人把生活中的问题，理解为心灵深处某种情结的后果，继而以为，只要认清童年的创伤、原生家庭的影响，好多问题就手到病除。这种倾向，使得现代人掘地三尺如若采矿一般去“内省”。这种做法，忽略了人和人交往的复杂性。英国文化思想家罗曼·科瑞兹奈瑞克（Roman Krznaric）写了一本书，叫 *Empathy*，要我们“外省”：走出自我，走进他人的生活。

Empathy 这个词一般被译成“同理心”，但是这个说法容易和“同情心”（sympathy）混淆。同情是一种居高临下，而 empathy 是要人“进入他人的处境，理解他们的感情、他们的视角，并用这种理解，去指导自己的行动”。更好的译文应是“穿越力”，亦即穿越到他人处境的能力。这个概念我们似曾相识。中国儒家思想中有“己所不欲，勿施于人”的观念。世界各大宗教中都有类似的教训。在美国，这种观念被称作“黄金定律”（Golden Rule），科瑞兹奈瑞克说，比“黄金定律”更高的，是基于empathy的“白金定律”。“黄金定律”是按照自己的标准去满足他人需要；而“白金定律”，则是按照他人的标准满足他人的需要，不把自己喜欢而他人可能不待见的东西强加给他。澳大利亚电影《防兔篱笆》（*Rabbit Proof Fence*）中白人想把刀耕火种的土著小孩集中起来，安排“更好”的生活，可谓“用心良苦”。但电影从三个土著小孩的视角去拍，让我们看到，三个小孩不喜欢这样的安排，历经千辛万苦，要步行回家。缺乏穿越力可能造成诸多悲剧。你之蜜糖彼之砒霜。

穿越力是一种社会胶水，把人和人团结到一起来。假如每一个人、每一个社会，每一个政客，都学着不把自己的理解强加给他人，不强行改变他人的生活方式，理想国就会到来。所谓刻薄，不过是顺我思维者昌，逆我思维者亡，根本不考虑他人的思想。所谓宽厚，则是我活也让你活，大家各有各的生活空间。穿越力的重灾区是人际关系。很多时候，夫妻矛盾、子女矛盾、婆媳矛盾，关键是其中一方或双方没法从对方立场考虑问题，做事霸王硬上弓，一厢情愿地处理问题，好事也能办成坏事，也会使得制造出各种矛盾。

穿越力，不只是一种愿不愿意从他人角度考虑的态度问题，更是一种能力，一种认知能力。它关系到智商。作者对穿越力的培养过于乐观，说除了变态杀手和阿斯伯格症患者，大部分人都可以培养这种能力。窃以为他低估了愚蠢对人的辖制能力。普通人中缺乏穿越力的人太多了。他们见的世面少，又不好学，想象力奇缺，只能在自己生活的圈子里打转，你让他去穿越到他人的处境，他如何能够做到？他们到死都还在抱怨为什么别人不理解自己的“好意”。

如果不想成为这种怪胎，而智商正常，则必须强化穿越力。办法很多，首先要蓄意去训练自己的想象。甘地鼓励人们遇到问题的时候，去冥想最穷苦的人的视角。你也可以做一个“沙发上的穿越大师”，通过书籍、电影、电视、摄影等文艺作品，去了解他人的处境。《汤姆大叔的小屋》就起到了培养穿越力的社会作用，让一些白人坐立不安，最终产生了废奴运动。

也有人通过各式各样的卧底，进入他人的生活。“普适性设计”的先驱帕特里夏·穆尔（Patricia Moore）大学毕业那年26岁，给一家公司做设计。因不满公司对老年用户的忽略，她索性化妆成一个老妇人，去体验老妇人的生活，结果她根据自己的体验和观察，发明了很多适合老人使用的产品。近些年来也有不少新闻记者，冒着各种危险，卧底黑砖窑、妓院、黑帮，去体验他们的生活，然后把实际体验记录下来，让一无所知的人去理解一些陌生群体的生活。

当然也有不那么极端的做法，即增加对其他人群的接触，从而不再根据标签来判断他们。南美革命家切·格瓦拉，则是通过一次骑摩托车的漫长旅行，接触了拉美底层社会，从此开始革命之旅。科瑞兹奈瑞克提到了“活人图书馆”，要我们去“借阅”一个可以让我们谈话并了解的活人，了解他们的生活。穿越会让我们生活增加新的精彩。作家丽贝卡·索尔尼特（Rebecca Solnit）采访卡特琳娜飓风和9/11幸存者，原以为大家会苦大仇深地倾诉悲情，结果却发现，受访者中更多人“被一种幸福感点燃”，热情地回忆困难中与平日难得接触的邻居和陌生人如何相互帮助。灾难迫使我们和他人相逢。认识他们的生活，能培育我们的穿越力。辛德勒和犹太人的接触，增加了他的理解，使他成了拯救犹太人的英雄。甘地和“贱民”的接触，使他成了印度的圣雄。使得我们伟大的，不是我们怎么把我们的“小我”给撑大，而是我们如何和他人联结，对他人产生好的影响。人生的意义，如果需要一个公式的话，等于是我们留下的，减去我们得到的。或许还可以乘以我们能影响到的人的数量吧。

这是一个自媒体时代，人们忙着自恋，能从他人角度考虑问题的人凤毛麟角。奥巴马说现在的美国，存在“穿越力赤字”，所以他会去关注非法移民，因为他能够穿越到他们的处境。奥巴马的背景是移民家庭。他也做过社区社工，和这些底层有过接触，所以能轻易穿越到他们的处境。可是穿越力的另一面，还是个人的背景和阅历的限制。奥巴马就穿越不到印度、中国大陆合法移民苦熬绿卡的处境，对于这样的群体，他缺乏穿越力。

其实穿越力使用范围极广，也包括一个集体和另外一个集体的关系，但这种穿越力的培养更为艰难。前些日子，弗格森白人警察枪杀黑人青年的命案，再一次把白人和黑人之间的种族对峙摆在人们面前。说到底，这种对峙的“复发”，是因为白人、黑人之间，仍然没有解决“穿越”的问题。白人觉得黑人的成功，便是变得更像白人。黑人觉得白人无法理解他们的处境，努力也是白费，交流是鸡同鸭讲，所以不如退缩到自己的社区，借助“黑人力量”自保。对于群体之间如何相互穿越各自的思维，穿越了又能怎样，还有值得其他人去书写的地方。

书中也提到了穿越力值得我们警惕的弊端。比如英美烟草、可口可乐也力求想顾客之所想，但是其目的是为了卖烟、卖可乐。我们跟小孩说非洲孩子的饥饿，不一定是为了让小孩去关心非洲饥饿儿童，而是哄小孩多吃几口饭。这种将心比心，是一种牟利与自私。这些做法未必需要指责，但终究不是为了他人的福祉。而穿越力太强的人，比如一些心理顾问，有时候也会沾染他人的阴暗，影响自己的身心健康。书中提出的解药是“自我穿越力”，说白了也就是宽容并善待自己。穿越力的限制，是我们再怎么去他人生活里去做客，最终还得回到我们各自的皮囊里面。内省和外省，穿越与回归，乃是生命必需的相互制约和平衡。

世宗武皇帝杰克逊

《美国狮子：安德鲁·杰克逊在白宫》获得了2009年普利策奖（传记类）。和范长江奖一样，普利策奖是新闻奖，在新闻这一类别，分国际报道、国内报道、摄影、漫画、评论等多个类别。可能很多朋友也知道，它的另外一大类是文艺类，分小说、戏剧、历史、传记或自传、诗歌、一般非虚构类作品、音乐几个颁奖类别。这些奖项都没有固定入选标准，是否入选得看评委的喜好，评委认为好就好，这是主观的。但评委眼光一般都还不错。传记类别2009年的三个评委中，有两个自己也获得过普利策奖。

除了历史类别外（还必须是写美国历史），大部分作者必须是美国人，所以这是一本土奖项。但美国人可能是老大当久了，“自绝于世界”，不大理睬国际奖项。比如他们喜欢“玫瑰碗”决赛，未必知道足球“世界杯”为何物。同样，普利策奖在美国人心目中的地位或许都不亚于诺贝尔奖，只是奖金低一些，才一万美元。但是获得普利策奖，在名声上给作者带来的收益更大，是一般作者和著名作者之间的一道分水岭。例如安妮·普鲁，就是因《船讯》一书获奖，而进入公众视线的。

《美国狮子》这部传记获奖原因是“无所顾忌地讲述了一个有瑕疵的民主党人，一个举足轻重的总统，作者用灵活优美的文字，将杰克逊的传奇鲜活展现给读者”。入围“传记类”的作品还包括一部罗斯福传和一部本·拉登传。普利策奖最终花落《美国狮子》家，恐怕也和民主党人奥巴马上台有些许关系。从精神气质上看，走群众路线的奥巴马更像平民总统杰克逊一些。

一年前去田纳西州，途径一条路叫Old Hickory Road，给我开车的当地朋友介绍，“老核桃”（Old Hickory）是田纳西人、美国第七任总统安德鲁·杰克逊（1767—1845）的绰号，当地人对杰克逊很有好感，认为他是美国民主真正的先驱，也是一位真正的民间总统。那番话给我留下了很深的印象。

我家现在院子里就长有一些核桃属的树，是那种生命力极其旺盛的树，见缝插针地长。杰克逊年幼丧父，刚刚当选就妻子去世，一生和印第安人、英国人、西班牙人打过战，还有华盛顿政坛的腥风血雨，他一路闯了过来，是美国政坛极富传奇色彩的一个总统。不过他的职业生涯中也有不少“瑕疵”，比如他和夫人结婚之时，夫人事实上还没有离婚。从法律上说，他是一位犯了重婚罪的总统。另外，他担任总统的时候，也闹了一些荒唐事，比如他为了维护自己军务卿（Secretary of War）伊顿的夫人，不惜开罪华盛顿政坛无数要人，包括他的副总统凯尔汉姆。谁要是反对这位名声不大好的伊顿夫人，他就认为是和他自己过不去。这场红粉之争闹得华盛顿政坛沸沸扬扬，几乎造成总统和一些阁员反目成仇。

他是一个民主党总统，后来的民主党总统或其候选人自觉不自觉地在效仿他的榜样。他的遭遇，也被后来的民主党要人重复着，如他曾在初次选举时失利，原因和普选获胜而大选举人团选举败北的前副总戈尔一样。杰克逊和美国第二银行等机构的斗争，也会让人联想起“修理”金融体系的奥巴马。

他最为重要的贡献，可能是在民主制度方面。美国的民主制度虽在建国之初就已经创立，但是其逐步成熟，也得感谢一代代人的筚路蓝缕，尤其是安德鲁·杰克逊这样中流砥柱的力量。杰克逊坚信必须实现“多数人的统治”（the majority is to govern），并身体力行处处争取为大众效力。他心目中的民主是这样的：大部分选民选举总统，总统选出他的内阁，内阁在人民的充分监督下施政，四年后，人民再次决定是否让这总统、内阁继续。不符合他这种民主理念的官员统统让路。他上任后，立刻换了38个官员（约翰·昆西·亚当斯才换两个）。上任后，他立刻要解决是否实施死刑和官员任免问题。这在当时的政治精英中引发了一场地震。其政敌克莱描述：“谁也不知道下一个会不会掉自己的人头，或者是谁下一个丢官，当然对很多人来说，丢官和丢脑袋其实也差不多。”

作者称他为“美国狮子”，也颇形象。他自称“我生来喜欢风暴，不喜欢平静”。他是一个好斗的人，参加过多次战争，还曾亲自参加过数次决斗，身上到死都有一颗决斗时候留下的子弹。当年和英军作战期间，英国军官跑到他家，罚他给自己擦皮鞋，杰克逊坚决不肯。英国军官举起长剑，作砍人状，杰克逊伸过手就去抓剑，把手割得鲜血淋漓也不肯屈从。后来带着这刚强的性格进了白宫，和政敌相争从不示弱。因骁勇善战，孔武有力，在中国网络上有人戏封他一谥号为“世宗武皇帝”。这个武皇帝最大的污点是和印第安人动武，最终逼迫他们西迁，迁出一条通往保留地的“血泪之路”。

不过他留给美国最为重要的遗产，是再造了美国的民主，有人甚至称他为美国“第二国父”。他是一个来自平民家庭的总统，以代表大多数美国国民的利益为己任。我们这里不妨举个例子，说明代表大多数的“民主”到底会意味着什么：

在美国，和中国一样，也一直存在“中央”和“地方”的矛盾。一些议员会为了地方利益，提交一些议案，用联邦政府的钱，去达成地方的目的。当然他们不会直接说是为了地方的利益，而会作出种种包装，作出惠及全国的模样来。这种拨款，不知何故，被称为“肥肉”（Pork）。这不过这种事情，不是各地“驻华盛顿办”操作的，而是各州议员，他们的外围又有一些游说团体和地方政府。我以前所在的西弗吉尼亚州，就能看出到处都有这种“肥肉”的痕迹。连任了无数届的老参议员罗伯特·博德（Robert Byrd），就争取了无数这种拨款，给西弗吉尼亚修建公路、桥梁、研发中心，等等。地方也投桃报李，给这些公共事业统统命名 Robert Byrd，博德路、博德桥、博德研发中心，另外，一届接着一届把这个“不忘故乡”的博德选举为参议员。但是日子久了，能看出这个州靠输血过日子，始终还不能摆脱贫困。更为重要的是，拿联邦的税务，去扶持某个地方的事业，会滋生各种不公、腐败。但是这种结果，一些短视的政客是看不到的。这种项目看似为民做主，造福一方，但只是一种狭隘的民主。杰克逊那时候就遇到了这种肥肉拨款的情形。那么他是怎么做的呢？他决定动用否决权，否决这种做法。当时提交的议案，是要用联邦的拨款，修建肯塔基州的一段道路——梅斯维尔路。杰克逊决定，联邦的钱，只能用来修建跨越州线的州际道路，但凡只惠及一州的拨款议案，他一一否决。今日美国州际公路十分发达，追溯起来，还得感谢他当时的决策。

梅斯维尔路议案即将被否决的消息传出后，肯塔基州的众议员理查德·约翰逊找了过来，伸手要和他握手，还说：我伸出的手就好比铁砧，您的否决，比那铁锤还要厉害啊。等于是说：你为刀俎，我为鱼肉。杰克逊没和他玩这比拟游戏，说不否决也可以，给贵州加税何如？约翰逊说那比否决更黑。杰克逊后果断否决了这议案。

这种否决，才显出一个总统的杀伐决断来。这是以前总统所罕用的，约翰·昆西·亚当斯称，此前六任总统，否决的法案不过四五个，但杰克逊三天否决了四个。拜杰克逊所赐，日后利用宪法授权动用否决权，逐渐成为惯例。富兰克林·罗斯福总统有时还问一下幕僚有没有什么东西可拿来否决否决的。这也是三权分立制度下总统的一大法宝。有人说美国由于制度健全，总统几乎是可有可无的，国一日无君，美国照转。这个说法很偏颇，制度再健全，也得靠人去实施。盲目崇拜制度是很危险的，任何决策，都是制度、个人意志等多种因素交互作用的结果。因为在制度实施当中，个人的意志可由制度来制衡，亦可借助制度而放大，发挥平素发挥不了的作用。

这个作用是好是坏，留给历史什么影响，得看这个总统代表的是谁的利益。杰克逊自诩民间总统，他认为他代表的是广泛的民意，他所否决的，是地方和利益集团的狭隘利益。当然时移世易，这种代表有些在今日来看是错误的，比如曾经作为一个将军和印第安人作战的杰克逊，之所以让印第安人西迁，当时就是为了维护狭义的“人民”的利益，而当时他所认定的人民乃是占人口多数的白人。为了他们的利益，杰克逊不惜开罪一些反对迁徙的宗教势力。这个孽债，今日的美国人在偿还。由于祖上受到不公待遇，而今的印第安人后裔上学，学费可全部免除。

由于美国的政体从初创到如今一脉相承，作者乔恩·米查姆（Jon Meacham）回顾历史的时候，将其和日后的发展演变紧密联系在一起，由此能看出美国政治制度的传承来。在诸如“肥肉”拨款的话题上，杰克逊的决策和背后的理由，放在现实的语境下，有如空谷之回音。2008 年总统竞选的时候，奥巴马和麦肯二人都把反“肥肉”拨款作为一个重要议题拿出来辩论。因为联邦的资源，究竟用在什么地方，如何使用，事关社会公平的原则，而从长远来看，这个原则远比一些局部利益更为重要。

历史的重要关头，决定其方向的，未必是某个看不见的宏观规律，未必是其实无声的大众，而可能只是某个人的想法、他在当时当地的决定。了解美国为什么会变成今天的样子，或许我们可以去看看一些重要历史人物，在一些重要的历史拐点，究竟做出了什么决定，为什么会这么做。今人可否将自己放入当时的场景之下，去以古论古，设身处地去思考当时的“情景”，想想自己会有什么样的决定。从古至今，事件或许会有差异，而决策的依据，信仰与信条，人性深处的那些东西，是从古至今没有断流的。这是一本传记，但是很多话题对当今美国政坛都极具借鉴意义。

传记作者乔恩·米查姆是一新闻人，极其尊重事实，这本书的注释就有 101 页，参考文献小字密密麻麻达 14 页之多，作者参考的文献尤其是第一手资料汗牛充栋。我最早翻译的《赛珍珠文化传记》（彼得·康著）也是每一章都有大量注释，十分严谨。有了这种严谨，那么穿凿附会的成分就会少很多，读者大可放心去看。

但是严谨不是拘谨。考据的严谨和写作的文采并无内在矛盾。此传记看得我津津有味，简直像是在看二月河笔下的《康熙大帝》，唯一不同的是没见多少戏说的成分。唯一的演绎，是作品中画龙点睛的一些评论，不过这些评论多半是点到为止。例如前总统亚当斯 1829 年 9 月因为对长老会牧师坎普尔的行为不解，写信给妻子说他很“困惑”、“无从理解”。作者说他困惑不解的原因可能是“知道内情的人不说话，知道点皮毛的人在大说特说，这是华盛顿生活的常见特征”。看来不由让人会心一笑。作者可能是做新闻编辑做久了，积淀深厚，偶尔会“薄发”一些这类杂感吧。

传记写的是历史故事、历史人物，头绪众多，作者有时也“花开两朵，各表一枝”。比如写杰克逊遣使去土耳其，说到不久前发生的希腊—土耳其战争，这时补了句：拜伦（英国著名诗人）就是在这场战争中为希腊而战死去的。与正文叙述似无直接关联，却旁枝斜逸，横生妙趣。这种传记写得不越雷池半步那也是很没意思的。

一些传记作家同行也佩服作者的行文。同样获得普利策奖的一位林肯传记作者多丽丝·卡恩斯·古德温说，米查姆写杰克逊和沃尔特·艾萨克森写富兰克林总统、大卫·麦卡洛写约翰·亚当斯一样绝妙。另外一位杰克逊传记的作者罗伯特·莱米尼称他的文字“华美”。我们不妨看看传记开头：

“战争的气息浓了。在白宫二楼摇曳的烛光和油灯中，安德鲁·杰克逊总统盛怒，斗志昂扬。他刚连任总统，南卡罗来纳州就来向他发出了挑战。”

这段描述一下子抓住了读者的注意力。三言两语，就让一个易怒、好斗、“美国狮子”般的总统，跃然纸上。传记作者乔恩·米查姆新闻、文学并驾齐驱。他大学读的是英文专业，所以在写作上技巧娴熟，文笔优美。论职业，他是《新闻周刊》编辑。他业余也写一些历史著作，包括一部关于罗斯福和邱吉尔友谊的作品，登上了《纽约时报》畅销榜单。据他同事的描述，米查姆虽然年轻，但是思想老成，刚进《新闻周刊》的时候，大家发现他的朋友“多半是比他年龄大一倍”的人。米查姆是杰克逊总统的田纳西老乡，生于1969年，还很年轻，纯属少壮，前途不可限量。

1969：成熟前的狂欢

2009 年是美国不同寻常的一年，经济萧条了，很多银行垮了，汽车业衰退了，“月球漫步”的歌星迈克尔·杰克逊死了，“美国最值得信任”的主播克朗凯特死了，“教书匠”弗兰克·迈考特也化作了灰烬。一打开电视，好像到处都是坏消息。

塞斯·诺特博姆小说《万灵节》中有个俄国女子季诺碧亚，在西伯利亚的漫漫长夜，在饥肠辘辘中仰望星空，想象着对外太空的探测，以摆脱对现实的失望（“脱离这个腐烂的臭粪堆”）。近来美国大张旗鼓地纪念四十年前阿姆斯特朗的月球漫步，不知是不是要重塑美国信心，让人走出对现实的失望？

历史似乎真是有周期性，四十年前的美国和今天颇为相似，美国也陷在越南战争里头，如火如荼的民权运动，却因马丁·路德·金的遇刺，受到了一定挫折。那一年美国的社会郁积着很多情绪。那一年也发生了很多事情，曾经写过关于美国 20 世纪 60 年代专著的作家罗布·柯克帕特里克（Rob

Kirkpatrick）专门写了一本书，描述美国这个不平凡年代压轴的一年，书名就叫《一九六九》（*1969：The Year Everythy Changed*）。

那一年事情特别多。美国人计算时间，喜欢用“decade”（十年），而1969年则是多事的20世纪60年代这个十年的大结局。婴儿潮时代出生的那一大批人，这一年正血气方刚，力比多泛滥。1969年，第一部获得奥斯卡奖的“限制级”影片《午夜牛郎》上映了。其宣传的用语是：“关于《午夜牛郎》的所有传闻，都是真的。”《花花公子》和《阁楼》打起了“私处大战”，把色情和暴露带向了主流媒体。那一年盛大的伍德斯多克音乐节开始了，摇滚迷们趋之若鹜，在音乐中疯狂。当时副总统艾格纽的女儿，还有几个国会议员的孩子因吸毒，有的被学校开除，有的被警察逮捕，足见一个时代的疯狂。今日一些老人，提到自己60年代的荒唐，还会寻思良久。从他们描述时候的表情和口气上看（他们会说：“你知道这些时候什么样子”），那种感情很复杂，既有一丝对“阳光灿烂的日子”的缅怀，也有对年少轻狂的一些难为情。

时隔四十年来看，那时候的美国，似乎是要让一切该泛滥的泛滥到底，然后再回头重拾山河。那一年是黑人民权运动登峰造极的一年。一方面，警察和FBI向黑人激进组织黑豹党宣战，甚至在底特律与黑人组织发生枪战。可是另外一方面，那一年的黑人学生，却在校园里掀起了另外一场波澜。《一九六九》对这些事件的描述，让人不时想起同一年大洋彼岸的法国学运。

年初，斯沃斯莫尔学院的黑人学生会突然向校方发难，提出包括添加招生办黑人工作人员，提高黑人学生录取比率等要求。校长力图在这些学生和校董之间斡旋，但是学生还是占据了学校行政楼。校长史密斯本来是个很开明的人，在其任内，该校黑人比例从无到有，增加到了5%，但是颇具讽刺性的是，这位开明的校长却在这次“得寸进尺”式的发难中，心脏病发作死了。他这一死，黑人学生才撤出了行政楼。那一年黑人占据学校办公室的事件时有发生，警方开进校园，有时也无可奈何，毕竟马丁·路德·金博士死后不久，尸骨未寒，遇到这些半大不小的学生，问题究竟该判定为种族矛盾，阶级矛盾，师生矛盾，还是纯粹闲得发慌的成长烦恼？很难说，同一个事件可做不同界定和阐释，所以为了避免事态扩大，学校处理也比较谨慎。

有一些学生的做法，半真半假，有胡闹的成分。比如两百个黑人和西裔学生冲击了纽约城市学院校长办公室，嚣张地把校长的私藏的酒喝了个精光，以示革命。可是校方并不是很容易看出到底是胡闹还是较真。史密斯校长遇到的困境就给所有校领导敲响了警钟。纽约州立大学石溪分校校长甚至专门建了个“学生抗议掩体”，掩体建筑设在校园的另外一侧，里面红地毯、复印机一应俱全，还有可供四个秘书办公的地方。

除了黑人学生外，一些名校的其它学生也加入到抗议中来，使得“常春藤”（Ivy League）变成了所谓“毒葛藤”（Poison Ivy），连哈佛大学这个学子心目中的学术圣地也难逃脱冲击。反战情绪下的一些哈佛学生，不满后备军官训练队在学校的存在，发起了抗议，占据了哈佛行政楼，告诉校领导：楼我们占了，你们滚他妈的蛋。这所1969年还要求学生在饭堂都穿正装的著名学府，一夜之间，师道尊严没了，以至于要在建校333年后，第一次请动警方解决问题。对于很多老师来说，这是非常痛心的事情。

之所以这些此起彼伏的运动没有失控，是因为美国官方没有将这些问题过分政治化，出格的时候，多数是请动警察，从治安角度消解问题。另外，过了一段时间，人群也会自动分化，问题在这种自我分化中缓和下来，产生不了造就动荡的势能。在政治层面，左翼的泛滥，让60年代逐渐走向颓势的右翼势力找到了新的空间，不然那一年老牌右派尼克松也上不了台。换言之，左翼的极端几乎是在作自我证明。目睹他们的作为后，一些极端派走向了温和，一些温和派走向了右翼。后来担任《新共和》主编的哈佛助理教授马丁·佩雷斯，目睹当时的场景后称：“我想到了文明的问题。我当时想，日后，如何能重拾我们过去见到老师后，自发给出的那种尊敬？……这些学生占领行政楼的行为，让我一夜之间转变了自己的政治立场，从左翼转向右翼了。”即便后来仍然略偏左的戈尔都怀疑这些过激作为。当年戈尔在哈佛读四年级，他的解释是他同情学生的事业，但是不赞同他们的方法。

经过这些事端之后，美国社会并没有走向混乱和无序，而是走向了新的成熟。黑豹党的革命和学生的折腾，电视和报纸的开放，都没有让美国的国家机器崩溃，反而是把一个现代社会会遭遇到的问题，全走了一个过场，没有人去捂着，压着，继而让问题恶化得不可收拾。更多的时候，就如同父母对待特别闹腾的孩子一样，不过是让他们闹，把过剩的精力消耗掉。据说美国是经历过了 1969，才跨入了其现代时期。1969 年就仿佛是宗教节日四旬节（多有斋戒）前一天的狂欢。

那一年，由肯尼迪倡导的登月行动，终于在尼克松的手下成了现实，在美国校园的纷乱、嬉皮的胡闹和街头的对峙中，尼尔·阿姆斯特朗登上了月球，迈出了“人类的一大步”。那一刻，抗议者也好，烦恼者也好，左翼也好，右翼也好，白人也好，黑人也好，无不停下自己所做的一切，开始收看那真正的月球漫步，或是抬起头来，仰望明月高悬的夜空。

全球化之下的“走西口”

我近几个月来在翻译爱尔兰作家科伦·麦凯恩的《歌犬》一书。“歌犬”英文原名为song dogs，其实是北美土狼（coyote）的别名，又译山狗。印第安传说中，世界的起源，是因为土狼的嚎叫（故名“歌犬”），叫出了一个宇宙出来。土狼也是一个流浪的动物，会寻寻觅觅走在各地。这本小说中，“我”的父亲，就是一个从爱尔兰到西班牙到墨西哥再回到爱尔兰的游走的“土狼”。这个充满浪漫色彩的动物，在墨西哥又有一个别的意思，是指带人偷渡到美国的人，相当于我们说的“蛇头”。

记者杰弗里·凯（Jeffrey Kaye）写过一本《百万移民》（*Moving Millions: How Coyote Capitalism Fuels Global Immigration*）。此书副标题是：土狼资本主义推动的全球移民。书中称，全球移民的主要推动力其实还是经济。区域经济发展失衡的时候，按照“人往高处走，水往低处流”的古训，人们必然会去寻找更有利于自己发展的地方。

今天我听了我校去乌干达传教多年的本·兰福德教授的一

次演讲，他说他在乌干达，常去一个小镇上名叫“叮叮当”的废品加工区。那里的人们将拆卸的废旧金属，锤成各样的工具。这些人每周工作六七天，每天十几个小时，挣钱可能不到一美元。而不远处，就是奥巴马的大幅招牌，上书：“美国现在是咱们黑人统治!”奥巴马这个黑人在美国就可以成为总统。兰福德老师跟大家说：我们理论上说，想要做医生就可做医生，想做老师就做老师，然而在那乌干达的小镇上，那叮叮当当日复一日锤着废铁的人，觉得手头所做的，便是自己梦寐以求的工作了。听到这里的时候，我想到了中文网络上的一句话来：“做人有风险，投胎需慎重。”

而今中国出现富人和中产阶层的新一波“移民热”，有很多正是出于这种考虑，就是慎重地让下一代投胎在别的地方，好让他们有一片更为开阔的发展空间。当我们中国讨论移民问题的时候，我们充满了价值判断，常将其和一个人爱不爱国之类复杂感情结合起来，事实上很多人移民或者回归，是出自经济或个人发展方面的考虑，而非爱国或卖国。我在一些美国的华裔家庭里，听到有人拿着话筒在唱打倒美帝国主义的卡拉OK。也听说有人不想继续留在美国过着三四万年薪的寒酸博士后生活，于是号称“抛弃优厚待遇，毅然回国”，去国内闷声大发财去了。

美国的移民（绿卡）是一个比较复杂的过程，耗时漫长，审批十分严格。由于过程艰难，很多人将其视作一番成就，视其为“身份”象征。因此，一个很古怪的现象是，有些人拿到了绿卡，立刻就回国定居了，因为觉得自己摇身一变，“身份”不一样了。我曾经为一位老乡做过绿卡面试翻译，从这个过程中知道，如果移民官认为你拿绿卡只是为了换“身份”，而不真正是希望在美国扎根、生活，他们是很可能将你的申请驳回的。

一件事之所以闹到变成了“身份”，说明它有难度。事实上，世界各国都在抬高移民的门槛。说到底，这是一个资源争夺的问题。说得无情一点，那就是有本事的人，如顶尖科学家、艺术家、有钱发展其经济的人，各国会赤裸裸抢着要。如果只是为了争取一个更好的环境，本身素质和技能并非为移民对象国所需，有可能造成其经济负担的人，则会受到排斥。在臭名昭著的《排华法案》签署（1882 年）之后多年，罗斯福总统签署一条行政命令，宣称《排华法案》针对苦力和劳工，而非“商人、老师、学生、旅行者和中国政府各级官员”。

这种一推一抢，中间有很大的市侩成分。很多人本来自己不久前都还是移民，或者是第二代移民，但并没有将心比心，体谅他人的苦处，反而起劲排斥新移民。1911 年美国一个小镇的政府报告里这样描述一些移民，说意大利人脾气急躁，容易用刀子解决问题；德国人封闭保守，到了一个镇上，就成了一个封闭的社区，连英语都不说。如今这些指责依然有效，只不过是当初那些意大利德国的后裔，在用同样的话语，指责西裔、亚裔而已。

本书主要是从经济角度描述人们移民的动机。出于经济原因，微软等公司极力主张美国放松对于高科技人才的签证管制。同样出于经济原因，各国民众不希望自己的国家开闸放水，把可能造成社会负担的人放进来。因此，一个非常滑稽的现象是，美国的墨西哥边界可能会出现两个完全抵触的信息：一个是“需要劳力”，一个是“严禁非法闯入”。他们需要劳力，做自己国家的人不能或不愿做的事，以增强国家的竞争力，或是维持特定的生活方式——比如不用去干摘葡萄摘棉花这种苦活。

全球富国在移民问题上表现出的态度是分裂的，一方面，他们坚称要靠移民的劳动解决自己人口老化、劳动力不足诸多问题。欧洲移民管理部门官员阿雷亚斯指出：“我们需要移民，但是需要通过正规渠道来的移民，得符合欧洲需要。……欧洲人口在老龄化，这个消息不妙，所以需要移民的新鲜血液。这是让欧洲血液新陈代谢的惟一办法。”

另外一方面，又设置门槛，强化移民控制。在经济驱使下，越南人移民波兰，波兰人移民爱尔兰，爱尔兰人移民美国，美国人放眼四顾，觉得已经没处可移，于是决定好好建设自己的国家，并力图守住这个家园，让有可能造成社会负担的人难以进入。正规的渠道堵死了，那么非法的渠道就会涌现出来。这就是墨西哥的“土狼”和中国的“蛇头”之类地下渠道屡禁不绝的一个原因。

但经济上的利己有时候也会成为给自己准备的陷阱。美国和墨西哥在移民问题上的百般纠结就是一个典型的例子。而今，墨西哥非法移民在美国据说有一千多万，成了一个老大难问题。在亚利桑那，州政府已经等不及联邦政府的政策出台，自行颁布了有反移民倾向的法令。但是根据本书作者的介绍，这个问题的形成，美国自己也不无责任。比如美国大量种植玉米，严重冲击了墨西哥市场，让墨西哥农民无法维持生计。另外 1994 年墨西哥遇到了经济危机，克林顿政府的经济班子以极为苛刻条件，给墨西哥贷款。墨西哥政府为了摆脱利息负担，提早还款，国内的利息和按揭随之飞升，很多家庭失去了生计来源。墨西哥议会的一份报告称，“该贷款导致六百万墨西哥人远走美国，寻求工作机会”。以史为镜，我们也能了解为什么欧盟的爱尔兰“救援”计划，会在爱尔兰境内引起如此大的反弹。

由于移民问题涉及到千家万户的生计，联合国前秘书长安南谈到移民问题时称：“到目前为止，富国对于现有的政策框架太过自满，借助移民达成自己的利益，却不给移民合法地位，让其享有尊严和权利。”安南支持联合国经济官员贾蒂什·巴加瓦蒂提出的建议：照“世界贸易组织”的样式，提出建立“世界移民组织”（World Migration Organization），以解决全球范围的移民问题。但是此倡议遭到了美国的反对，最终无疾而终。目前独立于联合国的“国际移民组织”（International Organization for Migration）是最主要的国际移民协调机构，该机构的预算40%以上来自美国，不过该组织在帮助移民改善处境方面作用有限，而在打击非法移民上所起作用可能更大一些，等于成了发达国家的爪牙。

理想的状况，应该是保护输出工人权利，打击剥削和虐待行为。但在缺乏一个全球性有效机构的情形之下，现在富国的移民政策造成了富国抢夺穷国人才，却不开放国门分享其资源的格局。

在这种“土狼资本主义”的形势之下，中国当如何行动呢？我觉得应该视自己的国民为人力资源，而非负担。这一点菲律宾政府做得就很好，他们就摆明了自己的人才（包括菲佣，护士等）输出国的定位，甚至有专门机构，管理劳工输出，这样就把挑战化作了机遇。有家菲律宾护理学院甚至直接就说：“我们护理世界！”既然中国国土资源紧张，那么除了外逃贪官之外，应该对移民持开放的心态，不怕人走出去，甚至积极利用华人华侨的力量，促进中国和外部世界的和平共处。如果国家给人朝气蓬勃的印象，人才回流也是瞬间的事。

再者，土狼资本主义也是一种市场化驱使的资本主义。这个市场是瞬息万变的。一个国家可以是移民输出国，也是移民输入国。不要说波兰、西班牙这些欧洲的“跳板国家”，就连摩洛哥、墨西哥，都有更不发达国家或地区的人移民过来。

中国目前是移民输出大国，但也是移民输入国。有些方面得跟老牌移民国家美国学。即便是在“土狼资本主义”的大势之下，即便是在收紧国门之时，美国还是把家庭团聚的移民尺度放得很宽，远超过职业移民。在维基解密文件泄露之后，美国第一个想到的不是国家机密的泄露，而是那些不幸被暴露的人，会不会在所在国遇到危险。如果这样的话，美国外交部门随时准备出手搭救，包括接入美国。或许正是因为这些人道关怀，美国最终成了很多人移动的终点站。

本文的读者之中，我相信很多是“走西口”、“闯关东”、“孔雀东南飞”、“北漂”等各种各样境内移民的产物。在全球化的环境下，移民也算不得多大社会问题。中国这么大的一个国家，走一些天不会塌下来，来一些地也不会陷下去。若有这样的胸襟，那便真正是一个大国了。

一个漂泊者的故事

爱尔兰、美国双重国籍的科伦·麦凯恩如今是一个享誉世界的作家。其作品《转吧，这伟大的世界》获得中国颁发给外国作家的最高奖“微山湖奖”，还曾获美国国家图书奖，并被译成多国文字。而在20年前，麦凯恩还是一个普通文艺青年，在爱尔兰乡村一个创作基地，寂静地思考着自己的身份、归属、漂泊、归宿这些问题。这些思考凝聚成了他的长篇处女作《歌犬》。

歌犬是北美土狼的别名。这种土狼又称草原狼，生存力、适应力很强，极富好奇心和冒险性。其生存的疆域不限于荒野。它们甚至会跑到城市，在公园等地生存下来。在墨西哥，土狼还被用来代指帮人偷越国境进入美国的人，如“蛇头”。全球化浪潮下，有人就将“人往高处走”这种心态带来的移民经济，称之为“土狼资本主义”。此书中的“我父亲”，就是这么一位“土狼”式的人物，从爱尔兰，跑到内战中的西班牙，然后从这里到了墨西哥、美国，最后回归到爱尔兰。

这是一个漂泊者的故事，一个历险者的故事，也是一个最终叶落归根的故事。爱尔兰是一个小小的国家，移民如同家常便饭。由于市场狭小，一个作家要想写出点名堂来，必须一开始就要考虑作品的国际市场。因此，这种乡土和他乡、漂泊和归属的问题，会长时间困惑着每一个作家。科伦·麦凯恩在写作生涯早期，就开始把玩这些复杂的主题。多年以后，当他写纽约的时候，早已对一个人多元化的身份归属话题驾轻就熟，其作品也如同一只土狼一样，顺顺利利地融入了新的环境里。

土狼在印第安的传说里，则多半和“创世”神话有关。印第安的传说里，这个世界是在土狼的嚎叫声中诞生出来的。而在更多人所熟知的犹太-基督教创世说里，世界的创造用了七天。这本书的结构，就是发生在七天之内的故事。七天是一个周期，也可以说它象征着人的一生。小说中的康纳回到爱尔兰办理有关移民手续期间，和父亲久别重逢。双方从当初的别扭，到最后的和解，也完成了父子关系——一个人生中最为重要的关系之一——的一个轮回。让故事更加耐人寻味的是横亘在父子关系之间的“母亲”。康纳的母亲是一个墨西哥美女。如果说“父亲”回归爱尔兰是叶落归根，她离开了熟悉的墨西哥则是连根拔起，艰难地在一个陌生的环境里生存，像一朵离了土地的花朵一样，逐渐凋谢。这本书结构貌似简单，是一种“七日谈”，但现实和回忆重叠而交错，结果七天的故事，成了漫长的“追忆似水年华”。作者在这里秉承着爱尔兰老乡乔伊斯的叙述传统，试图把汪洋恣肆的思路，安排在一个貌似简单的时间结构里。

这是一部写得很好看的小说，很“文艺”。小说并没有很强的情节。不过人物形象呼之欲出，几乎像从我们记忆中调出来的某个熟人。书中的对话，有一种录音般的精确感。这一强项，也体现在作者后来写的其他小说里。小说的画面感极强，很多读者在读后的评论中说这部小说很适合改编成一部电影，一部没有多少情节，但是画面优美而抒情的电影。科伦·麦凯恩说他一直想做个诗人，但是不成功。但是我们能看到他把自己诗人的心思，都寄托到小说里了。即便对于翻译，他的要求也是要尽量把“诗意”翻译出来。不过这些诗意，未必就是风花雪月似的“诗意”，这中间也有波德莱尔《恶之花》一般化丑作美的诗意，比如“父亲”失去“母亲”之后那种自暴自弃的生活，写的就是丑陋。作者似乎是要用这样丑陋的、黑白片般的现实，映照出过去的光辉岁月来，一如一部黑白和彩色相互交错的电影。

这是科伦·麦凯恩第一次写长篇，所以在接受采访的时候，他谦虚地说自己写得“用力过猛”，写得过于“华丽”。他说他后来的小说，写得就“节制”很多。问题是懂得节制的时候，他也已经人到中年，节制似乎是一种顺理成章。而他年轻时写的这部作品，才华横溢似乎势所难免。麦凯恩说，这书就好像他的孩子，他看着它长大，但是在他眼中又永远是孩子。

我想他说的这种长大，不在于它们本身变了，而是因为作者自己声誉日隆，他所写的一切都成了文学殿堂里的“呈堂证供”，被人审视、分析、接受或拒绝。书的成长，在于它开始和其他的读者、文字产生了互动。它开始走入其它文字、其它文化、其他读者当中，开始有了新的生命。此书先后被翻译成15种文字，在法国、德国尤其受欢迎。麦凯恩说能被翻译成中文，让此书走向中国读者，是他对此书感到最为自豪的事。

此书的翻译过程颇为诡异。2010年夏天，我因翻译《转吧，这伟大的世界》一书，前往爱尔兰做一些调研。结束后，被爱尔兰文学交流会安排到靠近北爱尔兰的乡村，在一个名叫泰隆·古思里的文艺创作中心居住。在这里，完成前一本书之后，我开始了《歌犬》一书的翻译。古思里中心是一个非常优美的所在，湖光山色，美不胜收。后来跟作者说起此事，他说你是否知道，这部小说，就是多年前他在古思里中心创作的，窗外的风景，如翻飞的雨燕，还曾进入小说当中。这种意外的巧合，给翻译的过程，平添了不少趣味。感谢科伦·麦凯恩先生对于翻译给出的支持——除不厌其烦地回答我理解上的疑难之外，他有时候甚至对于原作的句子感到不满，授权我作出适当修改。这种随和与谦虚，在一个享誉全球的大作家身上，显得颇为宝贵。最后，感谢家人对于我翻译工作的一贯支持。翻译是一项孤独的事业，这种种的支持，让我们在独自一人的时候，也不感到孤单。

小镇的挽歌

阿帕拉契山系南达乔治亚，北上纽约，几乎贯通整个美国。地理重构了人文的地貌，这山系如一道天然屏障，分割出了美国的东西。这种地形特征，在独立战争、西进运动和南北战争中，都发挥了重大影响。比如有段时期，白人和印第安人（切诺基族）基本上是隔山而居，相安无事。后来白人跑到山顶，偶然发现了山那边的大好河山，垂涎之下，开始蚕食到山的西边。后来政府介入，进一步将印第安人西迁，让他们在严寒之中，走上著名的血泪之路。

我所在的西弗吉尼亚多半地区属于阿帕拉契山系。美国人想到阿帕拉契山系的时候，首先联想到的就是那些被脸谱化的山民，以及山民们落后的生活方式。阿帕拉契山系虽从南到北纵贯美国，但所谓的阿帕拉契山民，通常的理解是散布在西弗吉尼亚和肯塔基这一带的山民。对这些“山民”的常见描述，是将其说成贫困，文化程度不高，酗酒，和外界隔绝的人。然而此地的自然环境也造就了一些独特的文化产品，比如山民音乐，就是乡村音乐的起源之一。阿帕拉契山系还产生了其独特的文学，研究者统称其为阿帕拉契文学。这些文学常见主题是阿帕拉契人和外界的互动关系，对传统的眷念，煤矿斗争，贫穷的社会影响等。

我和阿帕拉契山系作家德怀特·哈施巴格（Dwight Harshbinger）有过一面之交。他看起来很斯文，像个大学教授。一打听，果然当过西弗吉尼亚大学心理学教授，后来他弃教从商，担任几家大公司的副总裁，此后又开创了一家研究中心，提供绩效改进咨询。他搞文学创作纯属业余爱好。

我很喜欢他这本小说《大山深处》（*In the Heart of the Hills*）。这小说应属半自传体，以“我”（弗瑞德）的成长为线，把西弗吉尼亚大山之中的水壶镇上生活串连了起来。这种风格的小说目前并不鲜见，我们姑且称之为“串珠体”。这是写回忆体小说的一个好办法。一个成人之后的主人公，回忆起自己的童年和少年生活来，记忆总是模糊的，重现于脑海的，无非是这么一个个珠子一样的关键事件，或者是关键人物。一串起来，一个小镇的风土人情就赫然在目了。然而串珠之线，也不能毫无变化，否则失之散乱，无法成就一部长篇。这本小说中的线是“我”，而这个“我”是一直成长的。这一成长又受到小镇变迁的深深影响。

按照国内的标准，我现在所处的西弗吉尼亚州第二大城市亨廷顿也不过一个小镇，因为才五万人。五万人是什么概念？

打起球赛的时候，如果全城人都去看，整个城市可以统统装进体育场，实实在在地做到万人空巷。而相对于水壶镇的人来说，亨廷顿已经是非常非常大的城市了。水壶镇的街道只有一条主干道，叫 Main Street。小镇上的监狱只有一间牢房。因此当一白一黑两个囚犯被捕的时候，小镇的警长十分犯难，关在一起吧，违反当时还存在的种族隔离政策。不关在一起吧，总不能把其中一人放掉。

可是小不要紧，它可是美国的核心。如果把全世界的美国人抓起来，揉成一团，然后随便揪一块出来，丢在大都市或者穷乡僻壤的乡村，都有可能显得突兀，但若丢在小镇，可能就与之混为一体，毫不扎眼。很多人都说，美国是小镇的美国。小镇就如同小说中的这个镇名一样，有点像水壶。水壶里再怎么沸腾，再怎么波澜起伏，在外界看来，也不过是壶里春秋，未必和外部世界有什么关联。而小镇总是对山那边的世界，抱着警惕和畏惧的心态，间或又有些向往。可是与贾樟柯的小城作品不同的是，在美国的小镇，人们对外部世界警惕居多，向往居少。小镇人见识浅薄，所以他们认为世界上只有两类人，一类是本镇人，一类是外地人。至于外地人，不管你是来自附近小城的记者，还是乘坐飞碟入侵的火星人，他们的警惕是完全一样的。这种警惕有时候十分可笑。故事的一开始，他们怀疑德国人要来偷袭，全挤到地下室进行防空演习。后来两个退伍老兵来卖圣经，因一个退伍老兵戴着假手，被老太太认为是持枪抢劫，结果惊动警长，将两个退伍的圣经销售员“绳之以法”。再后来的一次夜色朦胧中，一只巨大的猫头鹰被人认为是火星来的“外星人”，结果小镇上的人纷纷出动去追捕“外星人”，还有模有样地用摩斯电码拼出“我们来没有恶意”的字样，试图和“外星人”交流。再后来的外来者，是横贯了小镇的铁路和州际高速公路。到了这个阶段，这个如同“睡梦中的小镇”就完全惊醒，不得不走出去。

小镇上的人几乎无一例外地留恋过去的生活方式。小说的最后，肯尼迪和另外一个总统候选人亨弗瑞参议员来到小镇争取选民，候选人亨弗瑞参议员问小镇人希望未来的总统可以给小镇做点什么。镇民回答说：“如果您当选了，可不可以把我们过去的小镇恢复过来?”“一个水壶镇这样的小镇，有点像个活人。它有心脏，它活着，它能呼吸。……如果你把小镇的心脏给拿掉了，即便是为了社会进步，小镇也就不再有活力了。我们失去小镇了。”

小说是从二战开始，到肯尼迪当选之前结束。二战之后美国的经济和社会都在发生巨大变化，这个西弗吉尼亚的山中小镇也难以幸免。不过长期以来，如同纪录片《阿帕拉契》所说，这些地区一直是在人们视野之外的。肯尼迪总统竞选中确实到了被前任总统们所忽略的阿帕拉契山区。由于竞选中电视的应用，人们第一次看到西弗吉尼亚腹地的贫穷和落后，美国举世皆惊。与此同时，木材采伐、钢铁冶炼等工业，纷纷进驻西弗吉尼亚，使得小镇的生活方式受到了前所未有的冲击。在工业化现代化的过程中，小镇生活方式逐渐消亡。这消亡如此让人心碎，究竟是为什么呢？

从某种意义上说，小镇生活是一种自成体系的完整。这个完整稍被冲击，就会导致整个系统的不稳定。小说里我们看到，小镇生活基本上是自给自足的，而且螺蛳壳里做道场，应有尽有。用镇上官员的话来说：各位从生到死，一辈子的需要，小镇都可以满足。小镇上有个小咖啡馆，咖啡馆的女主人是个漂亮的“烈士家属”，也是前小镇选美的皇后。这位孀居的皇后就足以给镇上的小青年（包括“我”）提供足够的幻想和盼望。小镇上的精神生活也挺丰富，有三五家教堂，分属不同教派，有浸信会的，卫理会的，长老会的，凑到一起，偶尔还可以斗斗嘴皮，你说你这种洒水而不施浸的洗礼方式不合圣经教导，我说你这种教派，德国鬼子一来，上帝肯定要让他们的炸弹炸掉你们的教堂。小镇的高中每年把国庆或者其它庆典的游行组织得井井有条，甚至参加附近亨廷顿的游行。我们常说美国人“会生活”，其实是他们对这些小的事情都特别认真，有板有眼，毫不马虎。过年过节，他们把家里的圣诞树装点得漂漂亮亮，门口的彩灯争奇斗艳。一个几百人上千人的小镇，组织一场大型的活动起来，一点不比大地方差。因为地方小，这个小镇就是他们的全部世界，哪能对自己整个世界里的事漠不关心呢？

哈施巴格告诉我，他老家在弥尔顿，这里应该就是小镇的原型。我去过这个小镇，参加了小镇举办的著名的南瓜节，至今感叹不已，觉得胜过了我们耗资百万千万举办的各类“文化节”。为什么这样的节日会成功呢？原因很简单，一有这样的活动，小镇全民总动员，纷纷拿出各自的拿手好戏，人尽其才，物尽其用，何有事不成之理？

可是小镇也是小市民的小镇。排外者仍然存在。他们对新鲜事物的抗拒也让人感到忧虑。脸谱化的落后、排外、保守，确实还有所存在。前不久本地一市民将一座桥粉刷成粉色，以纪念乳腺癌警醒月，结果本地报纸上讨论了整整两个月。让人想到小说中写的那些小题大做，实非空穴来风。我后来也凑热闹，写了一封信过去。此信在当地报纸上登载，信中我说：“你就让一座桥粉刷成粉色又有什么大不了？罗浮宫前的玻璃金字塔，当初人人非议，如今人人去拍照。保守的法国人容得下一座突兀的金字塔，亨廷顿人怎么就容不下一座粉色的桥呢？”但愿小镇的民风依旧纯朴，而守旧与排外的这些旧日“传统”何须眷念，让其随风而逝吧。

从培根的母鸡说起

大家可能都知道“知识就是力量”这句话，这是弗兰西斯·培根说的。培根与咸肉无关，他是 17 世纪政治家和学者。作为政治家，他曾因贪污被关进伦敦塔。但是在学问上他倒是个巨人，人们常称之为“百科全书式人物”。这个巨人的倒下有些偶然，说起来他是因追求知识而死亡的，虽非死于炮烙或者绞刑这种轰轰烈烈的死，却也不是轻于鸿毛，或者鸡毛。

培根的死和母鸡有一些关系。

话说 1626 年 3 月的一个风雪天，培根在伦敦北部乘坐马车的时候，突然感觉到一阵思维的饥渴，于是想找一只母鸡。外头的雪让他思考关于腐烂的问题，他在想，雪会不会延缓腐烂呢？不知道聪明的古代埃及人或者中国人是否提供了答案，然而在冰天雪地当中，他也没有办法去查，就算能查到他也未必相信，他是想通过实证方法去了解。就这样，他说到做到，当场把马车停下来，想去周围买只母鸡，在母鸡肚子里填满雪，然后观察腐烂过程。结果这一下着凉了，引发了支气管炎。母鸡死了还是没死我不知道，反正培根不久就在朋友家死了。

这么折腾母鸡，天怒人怨，害得一个大学问家早死。读此文的朋友中不知有无不法商贩，从培根的例子上看，我希望你们悬崖勒马，不要再往鸡鸭肚子里灌水，灌雪，或者任何其它东西了，不然会得支气管炎，死于朋友家中。

那么还有什么别的人像培根这么好学吗？有。如果不是因为他，我也不知道培根的这段八卦。A. J. 雅各（A. J. Jacob）写的《百事通先生》（*The Know-It-All*）就是这么一本奇书，说的是作者“我”，娱乐杂志 Entertainment Weekly 的员工，35岁那年突然醍醐灌顶，发现自己自从大学毕业以后，就慢慢陷入愚笨。他说照这势头，40岁生日的时候，恐怕就只会流着哈喇子躺在沙发上看美国版的《幸运52》（亦即 Wheel of Fortune），彻底变白痴了。

为了力挽狂澜，他决定读《大不列颠百科全书》。他花了1400块钱，买下了全套百科全书，共计32卷，33000页，65000条，4400万字，往地上一摆，“正好堆到奶头的位置”。然后他开始从第一条 A-ak 开始读，顺便说一句，A-ak 是指古代日本雅乐，一直要读到 Zywiec（波兰小镇）。现在你大概也知道了大不列颠百科全书的 A-Z 了，A-ak，Zywiec。没事去什么地方炫耀一下去。

雅各也是一个善于自嘲的人，他通篇就是在写自己如何对付这每日累计的无数知识。有时候这炫耀是不成功的，他跟同事说：I'll rip you more assholes than abalone。他同事哪里知道 Abalone 是什么东西，他于是解释说 Abalone 是一种长着 5 个排泄孔的蜗牛。

然后他又试图在和岳父母的谈话中抖出更多的渊博知识。岳父请他喝酒，他问岳父哪个国家人均消费酒精最多，岳父当然不知道，他于是得意地说：卢森堡。后来他的老婆抖出了他在读百科全书的故事。岳母问他为什么。他于是讲了一个非洲民间故事，说从前有个乌龟，龟脖子上挂一葫芦，里头装有世界上所有知识。后来路上有一树桩挡着，乌龟硬是要爬过去，结果把葫芦给刮碎了，从此知识就散布到世界各地了，成了小小碎片。他决定将这碎片一一收起，成为世界上最聪明的人。雅各夫人说：你大概是读到 P 字母了吧，“Please shut up”。因为此理由实在荒谬，不要说一个龟拖着世界上所有知识爬行这个比喻荒诞不经，就算一个人读了万卷书，就能保证就一定有智慧吗？但是这不重要，奥德修斯要航海，雅各要读百科全书，这都是挡也挡不住的，只好由得他去了。

百科全书中有些条目他看了之后并无多大收获，比如他发现叫 Charles 的国王太多，占了 40 多页，根本区分不了，好在有一些国王有绰号，比如好查理，坏查理，跛脚查理，疯子查理，秃顶查理，等等。要是以后不知道历史上某个国王的名字，就说查理好了，就如同考试不知道答案就选 C 一样，猜中的概率大。

但是有一些条目和他的生活以各种方式重叠，连接，关联。他说经常在冲凉的时候，有四五个条目如同灯泡一样在他脑子里亮起来。他不但看，还拿来与自己的现实生活处处发生关系。顺便说一句，我们的研究课上写读书报告，林达老师总让我们写三个部分：文字对文字（text to text）、文字对自己（text to self）、文字对世界（text to world），雅各在 text to self 方面做得特别好。

比如他看到避孕那一段，发现古代避孕方法十分有趣。有的用蜂蜜杀精子，这种方法看来不错。还有一种方法是房事之后，女方往后跳七下。作者顿时警觉起来，告诉妻子茱莉以后不要随便往后跳七下。他们试图生一个孩子，可惜一直未有收获。他说不知道怎么回事，茱莉的朋友都高产得如同母章鱼（它们能一次产卵 15 万个，这也是他从百科全书上看来的），哪怕是在走廊上和丈夫擦身而过都会怀孕，而作者夫妻，却是什么方法使尽，也没有什么收效。他们用各种各样的表格，甚至还使用 Excel，追踪茱莉的周期，他们对这个周期的关注，不亚于一个经纪人对纳斯达克行情的关注，结果还是一无所获。以后在公园看到倒行散步的人们，准会想起这一段来！只是这方法是从此小说上看来，未经科学验证，读者朋友请不要随便使用，除非是一种调剂。我实在不懂为什么是七步，有什么依据没有，为什么不是“天龙八步”？

从培根（Bacon）到避孕（Birth Control），这本书我刚从A读到B，以后每个字母一章，一直到Z。就只介绍到这里吧，不想掠人之美，继续透露了。

作为自媒体

博客、微博、微信公众号都是自媒体（me media）。这个话题已经讨论了很长一段时间，可是这个MM，和另外一个MM（mass media）究竟是什么样一种关系？姐妹？朋友？情敌？斯蒂芬·库博（Stephen Cooper）所著的《看好看门狗》（*Watching the Watchdog*）一书的封面上是两条狗面对面，但我相信作者并不是说让两种媒体狗咬狗。

自媒体作为一种媒体，它第一个姿态，就是这第二只看门狗，它紧盯着大众传媒，让一些新闻报道的浑水摸鱼大白于天下。这方面自媒体可做的事情如下：它可以查证事实、查证言论、查证资料。这是最基本的一个层次。

更高的一个层次是对数据和科学发现的阐释提出质疑，或者提出另外的看法。这方面自媒体的价值非常高。因为很多记者并不具某些领域的相关背景，他们在看资料的时候要么不得要领，任人欺哄，要么为了证明某个论点而扭曲事实，比如伟哥能治疗脱发、尿急、痔疮。而做自媒体的什么人都有，一定会有某个领域内部的人，从报道中找到破绽来，比如上述研究的赞助商是辉瑞公司，这个内幕如果被医药业自媒体揭露出来，一定会影响消费者的选择。与此同时，大众传媒和自媒体之间现在也有互动，一些自媒体的发现又转入大众传媒，形成良性的话语空间。

自媒体影响大众传媒的第三个层次是影响文化基因。文化基因（meme）是转自生物学的一个术语，是指一些观念如同基因一般，在媒体之间传递，并被广泛接受。自媒体可施以批评性思考，影响公众对这些文化基因的判断。比如媒体上有这样的讨论：春节要不要申请世界遗产？这里头可能就含有一个meme，那就是“被认定为世界遗产就算是得到了世界的重视”。这样的想法就一定对吗？有人去给大都会博物馆申请世界遗产没有？为什么需要去认证？很多公共讨论，自媒体当然可去参与，但也可以去泼冷水，从讨论中抽出这些似是而非的文化基因，釜底抽薪地让无聊、无益的争论消失。

但是仅仅是给大众传媒挑刺，还不足以让自媒体成为一个独立的媒体。作为一个媒体，它也必须和其它媒体一样，具备一定的内在特征。首先，它得有本领采集故事。然而作为小成本制作的媒体，它不可能派人到处采访。自媒体的优势是，有一些自媒体接近信息的核心来源，熟知记者不知道的来龙去脉，因而在编写故事的时候，同样的事实，他能给出不同的故事，这叫Framing。它能把故事放在合适的背景之下（contextulization)。他不像大媒体那么面面俱到，有时候却有深入观察和独到思考。

但是作为一个媒体，它也必须有好的文字，好的故事，好的编辑，并能在出现错误的时候，迅速纠正。由于网络的特征，纠错这样的工作甚至胜过传统媒体，比如2006年西弗吉尼亚矿难，由于时间差问题，报纸在报道人员是否幸存时出了错，成为乌龙事件，而网络信息及时更新，成了更为可靠的媒体。

作为一个媒体，除了在准确性、可读性上有一些要求，另外一个质量的衡量标准是代表性。库博说所谓的代表性有两点，一是“守门”（gatekeeping），亦即取材，你报道什么样的内容；二为议程设置（agenda setting），亦即你给予特定的内容分别多少报道。自媒体必须自问：我必须搀和到争论中来吗？如果是，要搀和多少才算合适？是不是“博一博”就算了，不再写了？

作为一个媒体，自媒体应如何参与、影响公共话语？按照哈贝马斯的解释，理想的公共话语，应该遵循如下规律：一、任何人都可以参与；二、任何人都可以提出问题，发表看法，表达情绪；三、不应该干涉他人参与的权利。由于自媒体容易使用，且监管相对比较少，应该说它拓宽了公共话语的空间。但是有两个倾向需要关注：一是“失声”的倾向，一些即便能够发表言论的人，由于言论被公众滥用，而且一边倒，因而害怕当众出丑，或是被唾沫淹死，不愿发出自己的声音。二是“作茧自缚”（cocooning），也就是只是接受相同的观点，订阅类似的自媒体，形成类似的圈子，缺乏多种观点的集合。圈子是一个好东西，可是长期陷在圈内，也可能导致话语的停滞。不过，如果圈子做得很大，这个担忧就不存在了。可是做大了，那还叫圈子吗？这有点像吹泡泡糖比赛，总归是在破裂之前，把泡泡吹到最大。这个两难，又岂仅限于自媒体？

安·兰德：一个资本主义的幽灵

前两年万圣节前夕，美国的书市除了热门的吸血鬼图书之外，还有一个资本主义的幽灵在徘徊。这就是《阿特拉斯耸耸肩》的作者安·兰德。最近，这位被称为“市场女神”的作者，重新成为书市热点。在一本新出的兰德传记《安·兰德和她所打造的世界》（*Ayn Rand and the World She Made*）中，作者安妮·海勒（*Anne Conover Heller*）描述了这位“英勇、激情、聪明、皮厚、心黑……最终自我毁灭的”安·兰德。兰德1905年生于圣彼得堡一个犹太家庭，12岁时经历十月革命，1926年，在经历一连串内战、饥饿和压迫后，跑到了美国。此后一生，她都在反对任何形式集体主义，除了苏联的制度之外，她甚至反对罗斯福新政，如果她活着，也一定会反对奥巴马的改革。所有这些努力的巅峰成就，就是这本《阿特拉斯耸耸肩》（*Atlas Shrugged*）。

曾经，我以前所在大学讨论是否接受一笔捐款，捐款的附带条件是用兰德的《阿特拉斯耸耸肩》作为商学院教材。那是一本“资本主义宣言”。这个时代美国的很多经济决策者，高中时是将此书当必读书看的。当时讨论是否接受这有条件捐款时，很多教授提出了反对，说违背了学术自由。可是美元很快打败了学术自由，学校接受了。

之所以有人以《阿特拉斯耸耸肩》为要挟，决定给不给捐款，是因为在美国这个国家，直到今日为止，还有不少兰德的追随者，或者说近似原教旨主义的市场倡导者。他们认为应该纯粹使用市场手段、市场杠杆，去调节经济问题。在 2008 年总统选举中，麦坎恩非常背运，他在第一次辩论中还一再吹嘘自己如何如何削减政府经费，用的都是“大市场小政府”的思路。很可惜的是，当时美国经济正处在危机当中，他语音未落，政府就给了他一个耳光，公然救市。人们开始质疑市场那只手到底在做着什么事。

当时《新闻周刊》上，还登出了雅各·维斯博格一篇文章，将金融危机的责任归结到市场上，认为危机的三大罪魁祸首是前美联储主席格林斯潘（一个金融衍生产品交易的鼓吹者）、前参议院金融委员会的主席菲尔·格莱姆（在商品期货现代化法案中对金融衍生品网开一面）和前证券与交易委员会主席克里斯托弗·考克斯（对投资银行的证券交易监管实行“自愿”政策）。而在这本新出的传记中，我们能看到一张格林斯潘母子、福特总统和兰德夫妇的合影，可见这位市场女神和格林斯潘的交情不薄。

这书让人相信市场看不见的手，才能营造一个合理而高效的社会。不过在经济运行的背后，那看不见的手是一只，两只，还是索性就是千手观音呢？杜鲁门总统说过：给我找个独臂经济学家。因为这样他们就不会说“on the other hand”（不过，另外一方面）了。一方面这说明了经济学的一些无奈，但另一方面，这也说明很多经济学问题是辩证的，有两面性。只是人们说市场看不见的手的时候，多半用的是单数，政府把经济学家当独臂大将来用，讲究“一方面，另外一方面”的人，四平八稳反倒成为其前程的墓碑。

这个“一方面，另外一方面”也说明什么事情不能说得太死，因为和任何其它问题一样，“市场”的必要性本身，也如同一只钟摆，摆动在历史的不同时间。这个问题或许经济学家有更多好的解释，但是作为一个图书观察者，我好奇的是为什么会在这个时间，冒出这样一本书来。

而今，奥巴马政府的做法让很多美国人担忧，这届政府要把美国带往社会主义。一些保守势力在组织各种抗议活动，包括茶党集会。这些集会上，大家呼吁抵制奥巴马“均贫富”的走向，尤其是饱受争议的全民医保改革。《阿特拉斯耸耸肩》里的高尔特，就是要反对这样的趋向，才要建立自己的一个资本主义乌托邦的。这本书里高尔特有一篇著名的演讲，就是一篇反对集体主义的檄文，当初兰登出版社不要她放书里，兰德的回答是：“你印刷圣经能删减吗？”出版商后来提出，如果她愿意在版税上每本让 7 分钱，则可收入此演说，她答应了。而今的茶党集会，有时候还有人翻出这篇演讲来。这位 1982 年去世的小说家和哲学家，其著作在今日继续畅销。传记作者海勒说，前几年人们讨论这书的还不多，而今眼睁睁看着媒体关注的热度在上升，这说明大家在琢磨市场的问题。10 月 29 日《纽约时报》上有一篇长书评讨论这本传记，题为《兰德的报复》。其实也可以说《市场的回报》，因为兰德倡导了市场，而今的市场则回报以书市的关注。不知这样的安排，是一种巧合，还是有一只看不见的手在背后运作呢？

兄弟：海面下相连的孤岛

传记作家大卫·麦凯里斯说过一句耐人寻味的话："我们成人，大部分是和妻子、伙伴、孩子、朋友、同事、年迈的双亲在一起，活着，或是面临死亡。可是兄弟关系说不清，几乎有些神秘。"我是当了父亲之后，才搞懂了兄弟之间是怎么回事。因为以前，或许只会从子女的角度，去看父母的爱如何分散到自己的头上。自己也有了孩子，分明是一样的爱，可是每天却听到"这个不公平"、"那个不公平"的说法，这很正常，却也很伤脑筋。对于父母来说，"公平"是个绝望的事业，直到孩子长大，成为父母为止。到了那个时候我们才晓得，爱的能力不是零和游戏，是可以随着子女的增多而增长的。爱就像做拉面，就那么一块面，揉啊拉啊，最后会无限绵长，甚至都能惠及孙子和重孙。

但在子女看来，父母对子女的爱，却不过是切蛋糕，你多些我就少些。天下确实也有些不是（或者说不智）的父母，厚此薄彼，使得天平向竞争的一边倾斜。《创世纪》中记载的第一次诈骗，发生在兄弟之间，是雅各用一碗红豆汤骗得了以扫的长子继承权；第一次谋杀，发生在兄弟之间，该隐在田间干掉了亚伯。然而人类和睦相处的希望，却又只能靠“四海之内皆兄弟”的愿景去支撑。你甚至可以说，不相信兄弟的手足之情，这个世界就永无宁日。而在每一个家庭里面，就如邮包炸弹杀手的兄弟大卫·卡曾斯基所言：“兄弟是镜子，让我们照出自己来，让我们知道我们是谁，不是谁。”兄长也是弟弟最早探索外部世界、并带来想象的人。他们让我们知道自己的可能，可是同样，他们的可能也能造就我们的挫败。

兄弟的故事，是爱与竞争的故事，世世代代在绵延。手足文学，是个不怎么被人挑出来单独讲的类型，但是从来就没有断过。余华写了《兄弟》，陈达也写了《兄弟》，都是长篇。我最近看的书也叫《兄弟》（*Brothers*），里面收集的是 26 个兄弟的故事，似乎要把人类历史上关于兄弟的故事，不留后路、一口气全写光。此书编者安德鲁·布莱纳（Andrew Blauner）约了一些兄弟写兄弟。大部分作者是作家，但也有法学教授、《华盛顿邮报》的编辑、邮件炸弹罪犯的兄弟等。这本书很是耐看，在评论界的反响也不错。

开篇的是刚刚去世的弗兰克·迈考特，《安琪拉的灰烬》和《教书匠》的作者。迈考特兄弟四人，分开多年，在 1996 年《安琪拉的灰烬》首发式上，重新聚首。碰面后大家喝多了酒，打了起来。迈考特说起自己的弟弟时，语气充满调侃，他排行老大，他列出弗兰克、麦拉基、迈克、埃尔菲四个人名字的时候，不忘补充一句，“智商依次递减”。不过不要忘记，这四个兄弟，三个出过回忆录，如果不是对家庭和相互之间的极度热爱，书市又岂能容得下同一个家庭三个弟兄的回忆录呢？迈考特写兄弟走的是调侃路线：“他们背后说我：我知道他们会的。”有时候是两个对两个，有时候是三个说一个，或者就像他写作时候那样，一个说三个。“不管你做什么，不做什么：总会说闲话的。”世界上没有一个正常的家庭，家家都有一本难念的经，可是像迈考特念经的这个路数，还是让人羡慕这样的家庭。见面的时候吵闹，或者讲话很冲，但背地里很好，这种人格也是一类型，学名与“被动攻击型”（passive aggressive）恰恰相反，叫 aggressive passive，说白了就是刀子嘴豆腐心。

然而不是所有的兄弟之间关系都能那么轻松自如，互相“攻击”但不伤感情。这和传统思维的差异也有关系，英文中兄和弟都是 brother，无长幼之分，中国把长幼很当一回事，所以还不大习惯这种没大没小。因此，人可以是亲兄弟，但会有传统义务和期待的阻隔，故而平日的交往，有时候反倒不如陌生人之间结成的哥们。

但是无论怎样，兄弟之间，血脉相连，让我们对彼此的生活都担负有责任。比如当你有个兄弟是精神病患者的时候你怎么办呢？该隐杀死亚伯后，上帝问他人到哪里去了，他诡辩说：我岂是看守我兄弟的吗？此书当中，作家杰·纽吉伯伦写的《想想罗伯特》一文，也和电影一样，将兄弟问题放到一个极端的处境里，显出为人的境界来。杰的兄弟罗伯特有严重精神疾病，如果不是在医院治病的话，就在杰的家里。杰有自己的家庭，有自己的孩子。可是日子久了，孩子也把罗伯特当成了自家人。有一回，杰的儿子艾利要去参加毕业晚会，作者于是让儿子去，儿子问大伯怎么办，杰说今天是你的日子，你去吧。这个艾利说：爸爸，大伯也是我的。看到这里，不由鼻子发酸。

著名作家约翰·契弗的两个儿子就曾说过，兄弟之间，每个人好像都是珊瑚礁或者孤岛，看似并不关联，各有各的生活，实际上却在海面之下连在一起。那海底，就是我们的父亲母亲。不管我们的生活后来是如何遥远，总有这样的纽带将我们系在一起，叫那一切的距离，都变得无关紧要。契弗家兄弟俩，一个在意大利，一个在美国。父亲对你好对我好的争论，从来就没有停止过。可是两人总能凑在一起，你一段，我一段，合作写出充满了关爱和嫉妒的文章。兄弟就好比一个跷跷板，一会儿是爱，一会儿是竞争，这永恒的游戏，我们“赢不了，也输不了，也永远理解不了”。不幸的家庭各有各的不幸，可是兄弟的问题家家类似，说来说去就那么几种，总归是该隐与亚伯，或是长子与浪子那么几个类型，绕也绕不过去，躲也躲不开。

集体能否产生智慧?

“三个臭皮匠，抵得上一个诸葛亮。”众人的智慧，就一定胜过个人的智慧吗？东吴的孙权帐下，高人策士满堂，哪个比臭皮匠差？诸葛亮孤身一人，却舌战群儒，以三寸不烂之舌，说得东吴联刘抗曹。这是怎么回事？

假如孙权有三个信息来源，一是包括臭皮匠在内的三千普通人的集体选择，一是几十谋士的讨论结果，一个是诸葛亮一人的说法，那么他该听谁好呢？往复杂里说，我们是在说民主和集权的话题，是精英和大众的问题。就事论事地简单说来，我们要看孙权到底要干嘛，是要修鞋呢，选地方官呢，还是吴蜀联盟呢？目的不同，信息采用渠道也不同。若是要修鞋，一个臭皮匠，或许抵得上三个诸葛亮。

《信息乌托邦》（*Infotopia*）是芝加哥大学法学教授凯斯·R·桑斯坦（Cass R. Sunstein）的一部作品。他让人想到了诸葛亮和臭皮匠的老话题。无论是在公共还是私有领域，究竟什么样的信息最可靠，什么样的判断最准确，什么样的决策最合理呢？萨恩斯坦提出了如下几种发掘集体智慧的办法：

数字说了算

采集所有人的意见，取平均值，让数字来说话，有时候这是一个非常明智的做法。有人做过试验，让一屋子学生猜室内温度，最后取平均值，是华氏 72.4 度，几乎等同于实际温度（华氏 72 度）。英国科学家 Francis Galton 在一次乡村集市上举办比赛，让人猜一头牛的体重。牛的实际体重为 1198 磅，787 个参赛者猜的平均值为 1197 磅。由此看来，既然每个人都有误差，那么人数如果足够多的话，大家的误差应该相互抵消。是不是很有道理？

这些都是温度、体重等简单事实，没有太多阐释色彩，集体的智慧此时显然是最靠得住的。萨恩斯坦提到了一个“陪审团定律”，很能解释上述集体选择的不同后果。根据此定律，如果集体中每个人回答正确的概率超过 50%，那么人越多，得到优质结果的可能性越大。比如每个臭皮匠答案正确的概率为 67%，那么两个臭皮匠在一起，按照少数服从多数的原则，正确的概率就是 74%（该书附有一数学公式推算此结果），而且人越多，答案就越正确。一些《大赢家》之类电视节目中提出的简单问题，竞赛者不知道怎么回答，他可以选择打电话问家人，或者问现场所有观众。如果你家人确实见多识广，超过一般人，那么问他是对的。如果他只能给出和你一样随机的答案，那么问现场观众，请他们集体回答，往往是更好的选择。

反过来，如果每个人正确的概率低于50%，那么人越多，得到糟糕答案的可能性就越大。希特勒就是在群众的狂热中上台的。海选最好的情形，是大家没有先入为主的整体偏见，每个人的选择并非是随机的，而是有了充分信息披露，大家能做明智选择（informed decision），那么群体决策就可能比随机的个人决策产生更好结果。

这个结论也让我们想到现在常说的网络暴民现象：群体在偏见的引导下，形成一边倒的跟风式意见，让更为合理的声音来源（包括出色的专家）受到压制。这些年来，我们经常会看到，铺天盖地的粉丝们形成的舆论压力或语言暴力，使得发言都无法进行，更不要说对话了。网络这样的环境，本应是民主的环境，是可供所有年龄段和背景的人交流的一个场所。它如果沦落为某一个群体所独有，排斥多元的东西，那则是网络的失败。

市场说了算

产生良好信息、知识、决策的另外一种方法是将一个选择放到市场上去，让市场来选择，并优化某些参数或特征，这叫“预测市场”决定论。在利益牵引下，市场对选择进行调节，最终让其归于合理，至少是市场所认为的合理。

人们进入市场并非随机性行为，而是在追求个人利益的最大化，从动机上说，个人不会轻易盲目选择，因此其选择多半不会随机。再者，多数人的失误，会被少部分精明的投资者所利用。市场总体上说，是一个奖赏正确判断的地方，错误行为不会像集体决策时那样，有可能遭到惩罚、歧视、嘲笑、忽略。例如，在会议当中，你如果老是发表不同意见，可能会在组织中被孤立。换言之，不同而合理的意见未必能得到合理回报。出于自我保护，与会的人可能选择不发言，不提供自己更为高明的意见。

爱荷华大学所经营的爱荷华电子市场就是一个预测市场。在这里，参与者可以对总统选举、某某公司什么时候上市、未来某日的微软股价等各种项目进行下注。该市场预测的结果大部分情况下超过专业调查公司。看到预测市场的威力，很多企业也开始运用预测手段，指引产品开发和营销。Google 的“Google 市场”就有各种预测，比如“30 天内所有 Gmail 用户数量”、“中国项目何时开业”等等。这些预测就是员工内部下注，赢家可以获得一些象征性奖励。它并没有多少商业性，在指引公司业务上却有良好效果。同样的方法，现在也用在很多其它场合，例如好莱坞有奥斯卡奖的预测市场。

不过，预测市场既然是无数人组成的，那么也就会出现上述群体决策同样的错误。最典型的例子就是股市，在牛市的时候，人们一窝蜂去选择某些股票，这是否说明股价就是对的，买股票的人就是对的呢？未必。否则就不会有股市泡沫和经济危机。

团队说了算

上述两种情况都是宏观的，个人和组织未必能改变这些。一般组织不会轻易去找千军万马来做调查问卷，以作为决策依据。大型统计周期比较长，其结果作为描述的用途更多，预测和指引当下决策的可能性比较小。一般组织，包括决策结构在内，多采用专家谋划（expert deliberation）的方式。Deliberation的意思是精心筹划，它不仅仅是指讨论，也可能包括集体决策的其它办法，比如集体投票、“头脑风暴”、德尔菲方法（Delphi method）等等。比如美国人要不要从伊拉克撤军，专家谋划就是由前国务卿贝克所领导的“伊拉克研究小组”承担。而开战前的国会辩论和投票也是一种精英群体的 deliberation。照说这样的决策，参与者是专家，应该比一般人更有可能正确。不过，从伊拉克战争的例子上看，集体决策显然是失误了。包括希拉里在内，很多提出撤军者当初投的都是赞成票，这也一直是让布什政府所抓的一个把柄。

作者在书中列出了集体谋划的几个例子，从中能看出集体谋划的一些特征。2005 年，科罗拉多州举办了一次民主试验，将 60 位分属保守派和自由派的人分成数组，讨论诸如“是否允许同性恋婚姻”之类敏感政治话题。讨论结束后，与先前结果对比，大家发现保守派更保守了，自由派更自由了，出现了所谓的“两极化”，即原先所持的立场会强化。

1961 年，肯尼迪总统也在中央情报局、美国空军的“谋划”之后，入侵古巴，结果大败。肯尼迪自己都说：“我怎么这么蠢，居然允许实施这样的决策呢?”这是集体谋划失败的一个典型例子。另外一个例子就是美国航空航天局，由于大家意见统一，有一个人提出了异议却被忽略，结果造成一些故障未被发现，哥伦比亚号航天飞机爆炸。中情局也好，美国空军也好，航空航天局也好，都是些人中翘楚，怎么有时候决策或者计划反有漏洞呢?

这里头有几个问题。当集体谋划的时候，会有两种情况导致失败。一是“信息影响”，另外一个是“社会压力”。

更进一步说，大家分享的信息不够多，一些人掌握一部分信息，另外一部分人掌握另外一部分信息。所以良好的决策，应该尽量形成更为广泛的信息披露，减少背景不透明的情形。这道理很简单，信息不对称，就没有足够的信心下判断，就更有可能跟从于了解更多信息的人。

另外，在每个人提供自己意见的时候，可能会放大自己所掌握的那部分信息。如果是错误信息，那么错误也会被放大。问题一经发现，解决起来倒是很容易。很多会议之所以低效，就是因为大家掌握的信息不同，大家都是一头雾水跑过来，只是知道一星半点情况，结果当然提不出有价值的建议。更好的办法，应该是提前分享相关资料，让每个人做足了功课再来开会。

社会压力的问题更为复杂。作者介绍，人们的观点会如同瀑布一样传递。第一个讲话的人如果其地位很重要，其他人提出别的看法会遭到惩罚，或者嘲笑，那么他就有可能选择跟从，除非某些人的职责就是唱反调。古代皇帝身边尚有谏官，理论上说，这是为了修正可能出现的错误。而集体决策的时候，由于大家想当然认为集体自然会“集思广益”，反而轻忽了“持不同意见者”的作用。作者建议，为了消除集体决策中社会压力的不良影响，有很多事情可以做。比如找一个不是绝对领导的人来主持会议或其它谋划活动。会议之前宣布规则，比如鼓励不同意见，形成优质决策。会议中还可以任命一人担任“持不同意见者”（devil’s advocate），专门提供对立的分析。最为重要的一点，是在谋划中，或者组织的文化当中，提供足够的奖赏或鼓励，让人们愿意披露自己所知道的信息。还有一个非常有效的方法，就是通过匿名手段来达成一致意见，比如不记名投票，德尔菲方法等等，这样可以缓解社会压力对个人参与的影响。不过作者也警告，如果你没有足够的信息来做出明确的判断，那么不如趁早明说，沉默是金。

网络说了算

以上说法，同样适用于网络时代的民意征集和集体谋划。

自媒体可以提供一个非常良好的纠错机制，让自媒体彼此之间，自媒体和传统媒体之间相互作用，减少信息错误，提供更为优质的内容。网络时代的开源式开发，也是一个集中群体智慧的办法。美国民主的奠基人托马斯·杰斐逊的后人理查德·杰克逊就是开源的倡导者之一，他呼吁利用这种多数人的潜在创造力。可是注意，这里说的是潜在创造力，而并非实际创造力。以上创造力的兑现，也一样得遵守上述原则。但是开源本身的前途也是开放的，比如最近，根据美国公共广播电台的报道，因一个 20 岁辍学大学生冒充神学教授发表维基条目被发现，维基百科最近在讨论是否对内容贡献者的身份进行认定。此建议仍在争议之中，但是同样我们看到，Linux 等开源式操作系统，现在也有了专人批准的过程。实施批准的可能不是一个人，而是一个小组，这实际上是多种方式的集合，也可能是网络发展下一步值得大家关注的一个新动向。

网络时代也形成了一些特殊的激励模式，比如出现了一些在市场看来无法理解的“利他”行为。本书一开始就说到了未来的“维基社会”，在这样的维基社会，要想真正让网络中的众人或者精英的小组发挥效益，可借用其“付出文化”。所谓付出文化，就是说一个人在社区的地位，不在于他控制的范围，而在于他付出的多少。为此，社区的参与者会“通过时间、精力和创意的付出，来争取社区的口碑”。

同样，要想让各式各样的网络集体，如社区、专家维基、自媒体圈行之有效，则也必须让信息的披露扩大，同时，尽量缩减社会压力对个人参与的负面影响，不让少数人的意见、取舍、偏好瀑布一般，一层层传递下去。这种情况在美国已经出现，比如保守派自媒体的链接和回访，一般只指向同类自媒体。在中国也一样，一些媒体自媒体，只链接到同类媒体，形成一个个“蚕茧”。如此，网络就未必能提供最好的信息、知识、智慧。

假设东吴谋士们都来建立各自的“网络存在”，形成一个圈子，大家之间言论越来越趋向统一，不同的声音被淹没，那么诸葛亮八成还会打败他们。下棋就是这样，1999 年卡斯帕罗夫在互联网上和全世界的棋迷对局，历时四个月，结果还是卡斯帕罗夫胜。

复杂事件的决策，涉及的规则和利益比下棋还要复杂。在是否联蜀抗曹之类问题上，如果东吴谋士们或者臭皮匠们能做到畅所欲言，把诸葛亮想到的方方面面都能想到，让和诸葛亮一样的高手能够脱颖而出，那又会是什么局面呢？历史不容我们这样“事后诸葛亮”，不过放眼未来，我们能否像桑斯坦所说的那样，利用适当机制，激活群众的智慧呢？倘能借助网络实现此目的，那真是功德无量。

富贵者长命?

有什么手段可以延长我们的寿命呢？这几乎是个荒唐的提问，因为答案都不在我们手里。即便我们知道了答案，也不一定能够怎么样。当死亡天使来到这个蓝色星球上巡视的时候，他的小本子上都是什么样的参数呢？

人的寿命是一个很有趣的现象。日本是发达国家，也是最长寿的国家，人的平均寿命比美国长三年。可是古巴不发达，人们的寿命也很长。由此看来，死亡和国家的发达（财富）并不直接相关。可是我们再去细看，从华盛顿特区东南部乘坐地铁去马里兰州的蒙特哥马利县，地铁每走一英里，地铁经行社区人们的平均寿命就增加一岁，原因是华盛顿市中心居住的多为贫苦的黑人，蒙特哥马利县居住的多为富裕的白人，可见财富在人们的寿命当中仍然扮演着重要角色。可是为什么富裕的日本和贫穷的古巴人们一样长寿呢？

这或许可以从迈克尔·马尔默特（Michael Malmot）爵士的《地位综合症：社会地位对健康和寿命的影响》（*The Status*

Syndrome）中找到答案。马尔默特穷其30年对流行病和公共健康进行研究，推出了这部力作。这部著作或许无法提供个人长寿的密码，可是却为决策者提供了一个思考公共健康的重要视角。回到刚才的问题，为什么富裕的日本和贫穷的古巴人们一样长寿，而美国却有这么大差异呢?

照迈克尔·马尔默特的说法，导致这种寿命差异的很重要原因是社会差异的存在。日本和古巴一贫一富，但是两个国家内的贫富差异都不是太大，而美国却存在着巨大的社会差异，所以才会有这么大的寿命差异。

这或许是个不言自明的事实，用不着一个科学家用30年的研究来证明。可是再去想想我们所听到的一些说法，不禁又要反思了。比如说法之一，是中国各阶层中，农民的幸福指数最高，因为农民亲近自然，饮食结构更为健康，等等，所以农民幸福感最强。

这显然不是真的。

这个研究验证的似乎是一个民间传说，而不是一个社会现实。一个为很多人熟知的德国民间故事说，一富人到海边，看到一个晒太阳的渔民，于是建议他去捕鱼，“然后呢?”渔民问。“然后，你卖了鱼，买更好的捕鱼工具，然后去捕更多的鱼。”如此反复。“那么最后呢?”渔民又问。“最后你有钱了，就可以到海滩来，美美地享受阳光，海滩。”渔民说：“我现在不正在享受吗?”

这个故事有个研究以外的人一眼就能看穿的盲点，那就是有钱之后看海滩和阳光和贫穷时候看阳光和海滩，是完全不一样的感受。马尔默特说，你如果很穷，或者是感觉很穷，或是别人使得你感觉很穷，你的寿命也会受影响的。这种社会差异对寿命的影响，具体是如何产生的，确实很难定义。马尔默特将其笼统称为“地位综合症”（status syndrome）。但是这地位综合症并非完全神秘。比如如果某种传染病大规模爆发，是穷人还是富人首先得到疫苗？答案是不用说的。在 19 世纪的小说里，我们经常看到富人的孩子得了当时为不治之症的肺病。事实上，实证研究会告诉你，穷人的孩子得肺病死亡的机率更大。

从统计学上看，人们受教育的程度，也往往决定一个人的健康。

同样，从统计学上看，人们地位的高低，也决定他们的健康。地位高的人，命都比一般人长。马尔默特的一位朋友对 70 多年来获得奥斯卡奖的人和获得提名但是永远没有得奖的人进行了对比研究，结果发现前者寿命比后者平均高出 4 岁左右。得个奥斯卡奖别的不说，寿命都要增添几年，难怪人们争先恐后呢！

到底是什么原因造成了这些不合理的联系呢？马尔默特的解释有很多，比如他说这些社会差异，导致人们的自主权、社会参与程度不一样。如果一个人对自己命运的自主权大，那么他的“地位综合症”会减轻，这对寿命的影响是好的，反之亦然。过去人们常说，位置越高，压力越大，其实很多时候现实正好相反，你位置越高，承受的直接压力越小。小公务员死了，大官僚活得逍遥自在。小推销员死了，销售总监在海边度假。富人可以胆大妄为，毫无顾忌地去银行贷款。“你借得越多，国家越拿你没有办法，还怕你死，怕你出事。”这是我听到的某富人的说法。与之相反，穷人丢个 1000 块钱，或许都会伤心得几天几夜睡不着，甚至走上绝路。

至于社会参与，马尔默特举了英国小说家康纳德（Joseph Corad）小说里的例子。说人们的黑暗之心，是如何被孤独给“独”死的。英文中有两个词，叫 haves（拥有者）和 have-nots（不拥有者）。这可不是简单的贫富的差别。根据马太效应，have-nots 这一群人仅有的也要被夺去，这包括经济、教育、地位、健康……没有钱，没有地位，相应也没有社会参与性。这种被遗弃、被冷落的地位，会对其健康产生重大影响。抑郁而死司空见惯，大笑而死的好像也只有个《岳飞传》里的牛皋。

摆出这些观点，马尔默特是想说明什么？马尔默特是想推进社会的公平，因为经济资源、教育资源、社会资源各方面的不公，人们的健康都要受到影响。马尔默特这本书的关键，还是呼吁消除各种各样导致健康机会不平等的因素。比如他特别强调，应该给予贫困的育龄妇女更多扶助。贫穷已经够不容易了，社会如果不作干预，听任什么都没有的人再失去健康和寿命，那么人类社会未免也太可悲了。马尔默特的书后有很多具体的建议，这值得所有决策者去研究。

可是，有多少人听到他的呼吁呢？

社会篇

人人都是评论家的时代

营销专家比尔·唐赛（Bill Tancer）出过一本畅销书《点击：网民都在干什么》（*Click：What Millions of People Are Doing Online and Why It Matters*），在亚马逊上的评价为四星（满分为五星），总体业绩不错。不过作者也看到一些很糟糕的一星评论，比如说作者太自恋。他索性又写了一本书，亦即《每个人都是批评家》（*Everyone's a Critic*）。

而今所有货品的选择都很多，可网上买也可网下买。选择多，反而让人不知如何下手，谁知道某淘宝卖家是天使还是恶魔，是守信商家还是赚一把就跑的骗子。消费者可以通过大众的评价，减少购买的不确定性。对于消费者来说，看评论购物，渐成生活常态。现在网上购物渐渐超过网下购物，评论的重要性就越来越高了。

到底什么人买了东西会写条评论呢？人们写评论动机很多，书中总结得比较抽象，说有和其他用户的团结（solidarity）、地位（status）、自我表达（self expression）等原因。但最多的情形，是一个人购买了产品和服务，感觉爽，或不爽，故上网发上一帖，抒发自己的喜爱之情，或一浇心中块垒。

作者综合各种研究指出：白人、黑人写评论者的比例都和其人口比例类似，西裔比较低，亚裔要比平均水平高 60%。美国亚裔人口比例仅 5%，但是 Yelp 上写评论的人中，亚裔占 15%。女性（51.7%）比男性（48.3%）写评论稍高，而 25-34 岁之间人群写评论的人比例最高。写评论最勤的人是妈妈，尤其是 0-5 岁孩子的年轻妈妈。她们写评论的比例要比总人口的比例高 8 倍，她们评论尿布、奶粉、摇篮……她们无所不在。怪不得越来越多的人说世界是女人的：中年大妈占据城市实体广场，年轻妈妈的分工是占据网络广场。难怪商家一知道有人怀孕，立刻就要发广告给她们。这方面做得最极端的是美国塔吉特公司，我曾听说一个故事：有个上高中的女孩，家里收到了婴幼儿产品广告。女孩父亲怒不可遏，找塔吉特理论，说怎给女儿寄这种东西？几个星期之后，女孩父亲发现女孩果然怀孕了。原来塔吉特是因为女孩曾去该商场购买怀孕测试棒，将女孩放入了未来母亲的数据库。由于年轻妈妈购买产品范围很广，产后在家带孩子不上班，其间喜欢写评论。各商家千万不要得罪她们，切记！

被人好评怎么对付很简单。遇到劣评怎么办？这是这本书最有价值的地方。连锁型商店不怎么受到这种网络评价的影响，可能是因为顾客对其声誉已有好的了解。还有一些商店不受负面评论影响，因为其服务可能是独此一家，比如作者家乡有家饭馆，专供有机食品，虽然网上评论为 2.5 星，但是仍然顾客盈门，因为附近街区仅有一家这样的饭馆。独立商店或是新开商店最伤不起。

几乎没有商家喜欢负面网络评论。但如何应对则能看出其水平。有不少商家仅仅停留在鸵鸟政策的对付方法上，排斥（“网上的瞎说你也信”）、否认（“根本没有这回事”），或对评论者人身攻击（“这些人吃饱饭没事干”）。诚然，无聊上网写评论，借助评论敲诈勒索、混吃骗喝的人都有，但大部分评论者真的是有感而发，不能马虎对待。众口铄金，有些评论是可以整垮一家企业的。即便不如此极端，网络口碑不佳的负面影响也很强大。哈佛的一项研究证明，Yelp 上每颗星对饭店生意的影响为 5%-9%。纽约大学教授帕纳约蒂斯·伊普瑞奥提斯（Panagiotis Ipeirotis）研究亚马逊网站上的照相机销售时发现，“销售体验非常愉快”、“很出色的卖家”，能让销售者以 5.86 美元、5.76 美元的溢价售出产品。反过来，“没有收到货”、“产品残次”，则相应让售价低 7.56 美元和 6.82 美元。

为了劣评和消费者杠上更要不得。纽约一牙医斯泰西和病人罗伯特之间签订协议，不许病人发表劣评，结果这位病人因为被乱收费，勃然大怒，仍然在 Yelp 上刊发劣评，之后牙医打电话来说违反了协议，并称如果不撤出劣评，将每天收费 100 美元，但是这位病人根本不予理睬。真打起官司来，谁输谁赢还难说，法律未必支持牙医合同中的这种霸王条款。

作者说其实负面评论也是有一些好处的，最主要的好处是帮助商家反省产品或服务，并作出改进。这是根本，别的都是花拳绣腿。展示各种负面评论也能显示企业诚意。在软件业，如果一个软件没有负面评论，反倒让人怀疑是否做了手脚，好评是内部人自己写的。我们仍以照相机为例，有研究者发现，评论中出现“最好的照相机”反而让产品掉价。这种评价太笼统，让人想到这种产品是不是没有什么具体特长值得一写。某个不常用的方面（如相机上的 SDHC 存储卡）让客户不满，被差评，可能会让人想到此产品其他方面很好，而被恶评的性能反正大家也不用。另外，一些新手需要网络关注，不管是好评劣评对他们都有用，这就好比诸葛亮草船借箭。

而水平低劣的好评也不能多要，这一点事关客户定位。正面评论如果错字连篇，会让销售下降，因为这说明评论可能是低素质水军所写。与之相反，用词讲究的劣评，反而会让销售上升，因为这种评论说明评论者是真客户，且是有良好素质的高端客户，有时候顾客潜意识里只不过觉得这些高端用户期望值太高。

作者告诫商家千万不要忘记网络评论的重要性。有的人就是靠重视网络评论起家。为了保持网络声誉，有些商家不要说对顾客关照得面面俱到，就连来问路的、换硬币的、过路的、找厕所的，都不得罪，因为你不知道谁会在网上对你非议一通。从一开始就注重网络声誉的人，也会成为网络评论的弄潮儿。纽约开锁匠杰伊是 Yelp 上评价最高的锁匠。他 2008 年失业，一贫如洗，短短几年在纽约靠开锁发迹。他发现，人们没带钥匙或是钥匙丢了找人开锁，本来就很烦，如果锁匠趁火打劫，漫天要价，会导致恶评，而一般锁匠又不怎么上网看这些。杰伊的价格十分透明，而且非常注重网络评论，也因此注意工作的每一个细节，比如他每次去给人开锁，衣服都穿得整整齐齐。他围绕着网络评论做生意，结果把生意越做越大。

对于商家来说，不要在网络评论上做手脚，透明就是敬业。大部分商家也知道如今网络评论的重要性，所以雇佣水军发假帖的现象也大有存在，但是这么做往往是挖坑自己埋自己。2009 年，美国消费电子产品销售店贝尔金（Belkin）的总裁马克·雷诺兹向公众道歉，公司曾用每条帖子六毛五的单价请求人们发帖支持。但是被人发现之后，只能道歉、移除这些假评论。有些高水平商家，甚至能把劣评拿出来做点事。博尔特理发店把 Yelp 上的一星评论打印出来，放在理发顾客等候的区域供来客看，顾客很喜欢看这些，结果这家商店老板迈特·波尔曼（宝洁的前营销高管），发起了“人们在 Yelp 上恨我们”（People Hate Us on Yelp）运动。

在战术层面，书中也提到了一些改进网络评论的高招。比如在网络宣传和实际服务上，应该“承诺低些，交付高些”（under promise，over deliver），而不是先把胸脯拍得震天响，结果让人失望。书中提到的另外一个策略，是给人留些念想，留些写评论的“由头”。比如锁匠修完锁后给门锁上油，理发店里增加一台饮水机，让人使用服务或者产品后有意外惊喜，这都是激励人们写好评的做法。作者介绍，有家印度小厨，听作者讲到席间有人过生日，店内本无甜品，店主竟自己跑去买了一只蛋糕以作庆祝。可能也是听到作者是写书的人，想增加影响吧。作者果然把这事说了又说，并写进书里，让无名小店声名鹊起。

看完此书，我想起了很多事。比如有朋友不满出版商鼓吹的“天才翻译家”、“最佳译本”这种浮夸宣传，发起了“一星运动”，但是这或许倒帮了出版商的忙。书中引述研究指出，对于一个成名作者，不利的评论会让销售下降 15%，如果是一个无名作者，一篇不利评论反而让销售增加 45%。这样的运动，反而是帮他们吆喝。在经营网络口碑上，主流方向是增加好评、减少差评，但实际上“塞翁失马，焉知祸福”。视应对手段的高低，好评未必都有好结果，差评未必都有坏结果，这跟人生一个样。

如何管理聪明人：谷歌的管理艺术

谷歌可能是当今最有影响力的高科技公司。坊间有不少谷歌工作环境的传说，多涉及健身房、午餐、按摩这些物质环境。谷歌文化是什么？怎么用人？管理策略如何？这一切，在谷歌做事的中国人也不怎么介绍。对外界大部分人来说，谷歌的管理还是很神秘的。《谷歌是如何运营的》（*How Google Works*）是谷歌高级顾问乔纳森·罗森博格（Jonathan Rosenberg）和执行董事长艾瑞克·施密特（Eric Schmidt）写的一本书。此书算是掀起了谷歌的神秘盖头，让我们看到了谷歌的脸。

这是一本讲述谷歌文化、策略、用人、决策、沟通、创新的书，内容包罗万象，但侧重不一：有些方面很短很简单，如策略和规划，有的部分很长很精彩，比如谷歌的人才战略。看完此书，感觉谷歌的管理大部分是用逆向思维，在颠覆商学院的传统管理思维。例如在商业计划上，“我们没法告诉你如何制定商业计划。但是我们可以百分之百肯定地告诉你，你手头的商业计划一定是错误的。MBA风格的商业计划，不管你考虑得多缜密，一定都有致命弱点。”不过书中又说，“如果团队优质，就是有错的计划也能及时更改。”这也不是为了颠覆而颠覆，很大程度上也是不得已而为之，一只脚踏进明天的组织，没法再使昨天的招式。

谷歌对于用人极其看重。作者基本上在说：有的人是无药可救的，你再怎么培训和辅导都不行。招人的部分，书里介绍得浓墨重彩，不分巨细。怎样才能找对人？管理学教授和顾问会告诉你，招人要招比自己更聪明的人。道理大家都懂，现实中这种大公无私很难发生。一般人的思路总会是：“我要是招这个比我厉害的家伙，他会让我看起来很蠢，那么我就升不了职；我升不了职，我的孩子就觉得我是个失败者，老婆就会跟人跑掉，把我的狗、卡车一起带走。”受这种人性弱点的限制，招聘者打的小九九往往都是“武大郎开店——比我高的一个不要”。为了不拘一格招人才，谷歌不用企业的招人方法，让用人的事业部经理去招下属，而采取了高校招聘的思路：美国高校请神容易送神难，因为终身教授制度的存在，招错人很麻烦，故而招一个人需成立一个招聘委员会。谷歌也有招聘人的团队，让会面试的人去组织面试，平级相招。招一个很烂的人进来当你平行部门的负责人，你自己做事会难很多。

谷歌招人的标准包括：这人要有激情，而且是“学习的野兽”。这人的专才重要，聪明更重要。应聘者对招聘的人热情重要，对其他人也热情更重要。书中有例子称，有人到谷歌应聘，只顾应付招聘的人员，对门口秘书很马虎，结果被刷掉。有才能重要，有趣也重要。谷歌招人自然也去上网搜索，看此人平时是什么样子。如果搜到有人在网上很疯狂怎么办？有一些狂欢的照片怎么办？书中说谷歌不会因此不招一个人。有趣、有激情的人，在网络上通常也活跃，且擅长网络媒体的使用。看到没有，各位，你看我在网上就很活跃！

不过谷歌高管也是人，也会走眼，尤其是受精英主义影响而“精虫”上脑的时候。公司营销部曾有一个自学成才的小伙子，有人建议他转做产品开发。公司高管因其学历不合公司标准，硬是不予批准。小伙子后来离开了谷歌，创办了 Instagram，再往后，Instagram 就被 Facebook 以 10 亿收购了。大手笔的“宁可错招一千，不可错过一个”的好例子一样也有：谷歌高管有次参加活动，和一群罗德奖学者会面，公司想招这些学者中的一些人，但是不知道招谁，什么岗位合适。请示共同创办人之一谢尔盖·米克哈伊洛维奇·布林的时候，布林说：“这还用想吗？统统给我招下来。”有实力的人就是可以这么任性！

按照书中说法，心术不正的人难以在谷歌有大发展。谷歌有“不作恶”(Don’t be evil) 的口号。公司称有两种人，一种是骑士（knights），一种是终归要成为“弃士”的“恶人”(knave)。“恶人”包括嫉妒纷争、争功抢功的传统坏蛋，也包括有些所谓能耐但心术不正的新型坏蛋。我们常听一些神奇的营销点子，教人如何把梳子卖给和尚。在谷歌，这些人也被归类为“恶人”。我在网上说到这个例子，有读者说在中国这么去经营还不饿死？我想也不是这样。号称“营销为王”实质上“忽悠为王”的年代，弄虚作假的人不少，最终成气候的也是少数。一时成气候，若无符合大众实际需要的产品，最终也都倒掉了。

网罗一群聪明人，必须提供宽松的环境。两位高管说一个企业不要教人怎么思想，而要学习如何管理人们的工作环境，让人每天都开开心心来上班。工作和生活的平衡本来就是伪命题，区分得太死板不现实也不必要。工作就是生活的一部分，生活也可以是工作的一部分。谷歌给员工责任和自由，不硬性规定他们的时间安排，而是让他们对自己做的事情产生自主权。

工作环境还应该有趣。我女儿在上一门“制造生产”的课程，这门课的考试复习材料一共四十题，其中有两题说到工作中不能玩耍嬉戏。在工业制造的环境下，嘻嘻哈哈打打闹闹容易误事，甚至造成事故。可是在创意主导型企业里，开开心心去工作是必要的。这种“快乐”应该由一群聪明的员工自发产生出来，硬是去制造，像电影《办公室空间》（*Office Space*）里那样，设立“夏威夷衬衫日”来造氛围，太过机械，会矫揉造作，让大家鸡皮疙瘩一地的同时失去兴趣。

书中还有很多实用的管理建议。举几个例子：人多嘴杂是非多，人太少又难以汇聚智慧，谷歌创始人布林说两块比萨饼能喂饱的团队规模最合适，这就是所谓“两块比萨饼原则”。公司领导，要上得厅堂下得厨房，事大事小都不嫌弃，能上能下。公司高管有时候会去捡过道中的垃圾。谷歌没有人职位高到小事不用去伸手。决策的时候，当领导的人不能先发话。领导先把调子一定，就很难听到不同的声音了。这会导致潜在风险，问题得不到充分暴露，更好的方案无法及时曝光。

也有一些管理风格，可能很多企业实施起来比较伤筋动骨。在沟通上，谷歌默认姿态是开放而不是封闭。比如虽然邮件有“密送”功能，作者要你每次使用密送功能的时候都想想自己到底想干什么？到底有什么想隐瞒？最好是不要密送，要么不抄送，要不公开抄送。另外一种默认的态度，是肯定而不是否定，不轻易否决一个创意。书中弘扬“说是”而非“说不”的文化。很多好的想法，老板听也没怎么听，三言两语就给骂死了。这些管理风格，在崇尚含蓄和面子的中国，也不知会不会水土不服。

书中描述的不少原则颇有新意。如今很多企业太看重市场营销，总在颠覆“酒香不怕巷子深”的传统智慧。新创高科技企业又把这种营销智慧给颠覆回来：比如谷歌重视“技术洞察力”，不看重市场研究，因为后者只会带来“30 种口味的平庸”。书中引用亚马逊创始人贝佐斯的话说：“在旧世界，你用三分力气做产品，七分力气做营销。在新世界，这个比例颠倒了过来。”在谷歌，产品才是最重要的。一个公司开会，如果一半人都对产品一窍不通，那会是很危险的事。这一点苹果的乔布斯也说过：客户有时候不知道自己需要什么，你只能先做出来给他们看。你不能指望做一个平庸的产品，然后用营销、公关、炒作、忽悠，去推向市场。

谷歌思维，本质上根植于对新型工作者的深刻认识。比如很多公司总强调自己的企业文化。企业文化的各种标语写在墙上，员工手册里，甚至刷在公司的台阶上，无处不在。企业用人，总是要人去适应公司的体制、框架、文化，首先这很伤害人的积极性。削足适履去改造人，公司也长不大。企业创办人和管理者的智慧，总是有限的。谷歌的做法是反其道而行之，不是让人去适应公司文化，而是“公司去适应人”，比如塞拉尔·卡曼佳（Salar Kamangar）做 AdWords 做到一定阶段，不满足了，公司一时没有合适的职位去提升他，于是“创造职位”，让他去做 Youtube 负责人。

而今很多高科技公司都是不按管理教科书的规定出牌，而实现了成功。可以说如今的高科技企业，已经进入了“后知识经济时代”。主导企业发展的不是专业知识，而是专业知识和创意的组合。这可以说是一个“创意经济”的时代。书中称其员工为“聪明的创意人员”（smart creatives），而不是彼得·德鲁克所说的“知识工人”，也不是我们国内常说的“IT 民工”、“码农”、“程序猿”。这种新型的经济环境，需要有一套不同的管理逻辑，人们也认识到了这一点。阿里巴巴成功了，形形色色真假难辨的“马云语录”转得到处都是，充分说明人们渴望有人去总结一套新的管理话语。《谷歌是如何运营的》给我们抛出了一些“默认值为开放”、“不对称报酬”之类新概念，也颠覆了一些传统的思维。此书值得当今的高科技企业管理者好好去看。有些部分，我们所有人看了都会受益，比如电子邮件的处理原则。英文尚可的，去啃啃原文吧，一些新的概念，翻译成中文反而可能走形。

大数据的大力量

2012年底印度新德里强奸案引发抗议潮后，印度内政部宣布，将为在新德里有强奸前科的人建立数据库。靠数据打击强奸还真不是笑话。去年我听过前纽约市长朱利安尼的一次演讲。听他的描述，他最得意的政绩是他在任时纽约犯罪率的下降。这在很大程度上有“大数据”的功劳。朱利安尼在任期间，让警方使用Compstat系统，在犯罪高发地段，去事先伏击，预防犯罪，而不是被犯罪分子牵着鼻子走，结果犯罪率大幅度下降。

过去，麦肯锡等外企招人，会问“中国有多少加油站”这种貌似无厘头的题目。出题人的思路是想考察应聘者解决问题的思维模式。有了好的思维模式，用以解题所需的数据细节，公司可通过研究部门采集。出题者可能是把数据当作了单纯的工具。读罢涂子沛先生的《大数据》一书后，我发现数据里也能挖出真知灼见来。商界这种情形多得很。沃尔玛就通过数据挖掘，发现飓风来袭时，Poptarts销售量很高。Poptarts是一种甜品，平常不会想到飓风中它会畅销，是数据挖掘让人看到了这一有趣的商机。

美国的政务中广泛使用数据也让人印象深刻。美国通过社会安全号，将人们的数据带向了很多数据库。人们买房子，可从本郡的法务大楼网站上，查到房子以前售价等信息。搬到一个小区，大家也可以查潜在性犯罪者的信息，好保护家人安全。美国政府网站上即可获取很多数据，且多属“公共领域”（public domain）的数据，由于是用纳税人的钱采集整理，公众有权免费使用，而无侵犯版权之忧。

《大数据》一书的开篇说的是奥巴马，他上台的第一天签署的五个政府文件之一，是《透明和开放的政府》，宣布放松对总统文件的管制。他所签署的第二份总统备忘录是《信息自由法》，开篇引用了美国大法官路易斯·布兰代斯（Louis Brandeis）的名言“阳光是最好的防腐剂”，重塑政府的透明和开放之风。

不过，信息自由在美国的进步，也是个一波三折的过程。书中描述了数据开放化中的有趣史话，如肯尼迪、约翰逊等总统对数据开放的阻挠。奥巴马当选后，其政府也因白宫访客登记等问题不透明，与华盛顿责任道德公民中心较过劲。政治本身也是协商和妥协的过程，像马拉松而非百米跑。进步需要体制内有人对相关议题穷追不舍。“《信息自由法》之父”约翰·摩斯（John Moss）就是这样一个议员，不达目的不罢休。

推动信息自由，也有媒体、民间组织和公民个人的死磕之功。《大数据》作者引用了《提摩太书》里“那美好的仗我已经打过，当跑的路我已经跑尽”，向那些争取信息自由的人致敬。人活一辈子，可以打很多仗，有很多仗不值得打，有的关系他人福祉，这种美好的仗值得去打。信息自由之争，就是美好的仗。

此书预言政府信息自由的浪潮将波及很多个国家。美国政府正在推动数据的开源化，让其它国家可移植美国 data. gov 的平台。包括英国、挪威在内的发达国家和墨西哥、肯尼亚等发展中国家，先后进入了基于数据开放的“开放政府联盟”。由于数据本身暗藏的力量，这种联盟一旦做大，会成为信息联合国，可共同挖掘的数据资源威力巨大。

中国政府和各级部门能否按数据说话做事，决策能否走向开放和透明，要看政府和民间力量的推动力度。依据数据来决策是好事。数据本身，可描述现状，好的也可让人预测走向。我跟一些美国人交流时，说到中国，很多人最大的抱怨是“不可预知”。我们的近邻日本，虽然首相、内阁更换频繁，但是大家觉得这里有规律可循，所以不会感觉不稳。政府决策，应越来越多地参考包括民意调查在内的数据。数据越多，质量越好，对决策的科学化就越有帮助，也越能减少因为数据不对称造成的摩擦。

中国使用网络和手机的绝对人数均为世界第一。手机的普及率尤其高，数据采集的条件非常好。技术条件未必落伍于其它国家，但是拍脑袋决策的思维根深蒂固。人们过于信奉个人智慧，认为半部论语即可治天下，这是很可怕的事。即便圣人在世，其预见力也有限，难和海量数据匹敌。书中引用胡适的说法，称中国盛产“差不多”先生，也难怪“拍脑袋”官员有生存的土壤。

《大数据》一书不仅内容精彩，其写作也非常出色。书的资料翔实，案例繁多且描述生动。如同一条主干，旁生了各种枝节，让人经由大数据，认识到美国社会究竟如何运作，例如联邦政府的运作，游说团体如何施加影响，医保公司和其科学家的博弈等。书里还介绍了一些值得国内进一步关注的人物或者图书，比如信息学专家塔夫特（Edward Tufte）。塔夫特提倡用高效率的图形图表，让普通人也能接触、认识专业化数据。

作者可能是受美国“什么也不假设”（assume nothing）写作训练的影响，对于诸多被一些人视作“常识”的东西也一一透露，比如美国一项法案通过的流程，美国政府下辖的部门，数据的存储单位等。一些马虎的或自负的写作者将这些视作人人都该知道的常识而按下不表。作者治学严谨，写作认真，一一娓娓道来，让人感觉此书既专业也扫盲。

由于此书的出版，中国刮起了“大数据”的小旋风。美中不足处，在我看来，是对“大数据”的潜在风险和危害说得不多，只在关于隐私的章节中说了一点。许倬云先生在序言中说的一番话让人警醒："作为一个史学工作者，看惯了世间的灾难和创伤"，要大家警惕"双刃剑的特性"，包括"在权势独占这一工具时，可能出现的危险"。虽有此危险存在，大数据实在有诸多好处，值得学着利用。一旦别的国家，别的机构，别的企业都用数据治理，决策有的放矢，而我们数据不能自理，站在数据鸿沟的另外一侧，危险或许更大。

用大数据对抗“粉色浆糊”

我对定量分析的方法向来持有戒心，认为数字可以被人“按摩”，抚平成为别人所需要的模样。可是有一天，家里小孩的一个新说法，让我的成见有所松动。我想带他们去快餐店吃饭，过去他们很喜欢，但不知学校营养课做了什么宣传，他们这次不愿去了，说有些快餐店用的牛肉饼，可能是“粉色浆糊”（pink goo）。所谓粉色浆糊，是指将牛肉，牛杂碎甚至其他一些不卫生的东西一起搅了。你以为你吃的是牛肉，谁知道里面是什么东西？人的观念何尝不是这样？好多被我们接受的结论，你可能以为是事实，但里头掺杂了多少私利，偏见，还有舆论影响？天知道。

解决思维的“粉色浆糊”，应多倚重数据。《大数据》作者涂子沛先生最近又出了一本新著《数据之巅》。在他上一本著作的推动下，佛山南海区甚至设立了大数据局，我相信类似机构也会陆续在其他地方设立。这是好事，也是海外学人给中国带来的一种改革新风。但愿行政各级对大数据的重视不是

“雨过地皮湿”的形式主义，而是能产生些实质影响。中国行政中“拍脑袋决策”一向为人诟病。科学决策这几个字写起来易，做起来难。没有人，哪怕是腐败官员，愿意去担“拍脑袋决策”的恶名，一个重要原因就是过去缺乏方法，包括如何采集数据，如何使用数据。

《数据之巅》这本新书比《大数据》脉络更为清晰。纵线为美国历史，包括美国第一个百年的三个时代：初数时代、内战时代、镀金时代，以及进入 20 世纪后数据成熟期的量化时代、抽样时代、开放时代、大数据时代。除了写大数据的成长，让人认识大数据之外，也让人从一个新鲜视角，认识美国政体的设立、演变、成熟的过程，如科学决策方法的出现、机构的设置等等。比如，在“初数时代”，书中写到了参众两院的结构设置，人口统计中黑人计数方法等。以数据写史，使得书比“民主的细节”还细节。美国人有时候会说，“大象也要一口一口吃”。大的概念，有时候无从入手。对于比较成熟的美国社会制度，国人羡慕的很多，但是如何借鉴，则有无从下手的苦恼。数据是一个非常好的切入口。数据也是一个中立的工具，能在改进中国社会的同时，避开意识形态的顾忌和干扰。作者用数据梳理了美国的历史，他让我们看到，美国走过的路，有一些我们正在走，或者将要走。比如美国的“镀金时代”，工业化提速，城市化加快，和中国现实不无类似，此间统计与数据所促成的革新，对我们就有直接的指导意义。

作者不仅仅是审视了美国的发展，还布了一条横线，由外而内，增加了对于中国大数据发展的关注。这种关联有问题上的类比，比如福特公司的人命换算，对中国交通事故管理的一些启发。也有一些关联，产生的是一种急迫的呼吁。书中最为精彩的一部分，说的是美国人戴明，如何使用基于统计数据的质量管理思维，影响了日本的工业制造，使得日本产品给人的印象，从劣质产品快速转化为质量一流的产品。作者呼吁中国也引入这种统计思维和数据文化，改进“中国制造”的质量，继而提升在国际竞争中的地位。

能不能形成这种数据文化，有官方的推动自然是好事。而在民间，数据革命也在悄然开展。计算机、手机、可穿戴技术的日渐普及，使得普通人也开始自觉不自觉地接触、产生数据。大数据的土壤正在形成。虽然有隐私问题需要持续关注，数据的采集越广泛，也就越可靠，越有用。精明的商家早已明白这个道理，在数据发掘上已抢先一步，如书中介绍的神州数码和中信银行。作者也认为，在教育等很多其他领域，数据也有巨大的潜力。比如在教育领域，人们也越来越重视实证研究中数据所支持或者否定的结论。现在一个很流行的说法，是“基于证据”。教育者说“基于证据的学习策略”，医生们说“基于证据的医治”。这种“证据”来自哪里？最主要的渠道就是数据，作者给我们交代了信息、数据、知识层层递进的证据。大数据也可以变作“小数据”，亦即人们实际生活中可用的数据，我们跑步时所戴的跑步手环，可帮我们采集锻炼的数据，我们还可下载相关手机程序，控制自己的饮食。我们正在成为“量化的自我”（quantified self）。

量化和数字化，也未必就是枯燥乏味的“必要邪恶”（necessary evil）。作者把数据、大数据写得风姿绰约。大数据确实可以很迷人。为了了解莎士比亚的词汇使用，我找到了一篇文章，其作者统计了莎士比亚不同风格作品的词汇使用状况，结果发现，莎翁在悲剧中使用的词汇多于喜剧。我问我一个专门研究莎士比亚的朋友这是怎么回事？她说悲剧通常需要更为深入地再现人类深层的苦难和处境，需调用的概念更多一些。数据有时候会暗渡陈仓地把我们带到洞见面前。

这几年作者繁忙地奔波于大洋两岸，成了“大数据文化”的布道人。同样写大数据的图书，目前市面上还有其他一些，如迈尔-舍恩伯格所著同名图书。不过作者在中美的政府机构都做过事，无疑更接中国的地气。也正因为中美两个国家的情况都了解，他就能在《数据之巅》中如数家珍地说到中国现当代数据的使用，比如陈正详在数据可视化方面所做的努力。舍恩伯格也不大可能会发现唐代 2625 个诗人的籍贯分布，宋代 2377 个诗人的籍贯分布等有趣数据——这样的数据，启发人们从新的角度去思考文化的变迁，给文化研究提供新思维新方法。又如，作者还从美国南北战争期间谢尔曼将军依据数据发现最佳行军路线，说到林彪利用大数据打胜战的奥秘。此书观点权威，资料翔实，描述生动，连我一个外行人都能看得津津有味。

我们都已经被大数据重重包围，《数据之巅》这样“干货”极多的书，我们必须阅读，多些了解，可以在我们各自的工作和生活中，多些数据的意识和方法，少些“粉色浆糊”。

跑步慈善里的后殖民纪实

中国人保健基本靠进补：吃腰子补肾，吃核桃补脑，吃牛鞭壮阳，总之不出汗，不出力，多快好省地把健康长寿问题搞掂。这都是稀缺时代的后遗症，总想着利用有限资源，以最少投入得到最大的回报。闲得浑身都酸了，就找人按摩，去洗脚屋洗脚，希望经由脚上的穴位，解决各个器官的问题。殊不知身体你给它多少它还你多少。而在美国等很多国家，普通人的保健，更注重运动。连慈善捐款活动，也能和运动产生关联。电影《阿甘正传》里，阿甘失恋后跑了起来，引来了很多追随者，他们纷纷问阿甘：是为了什么事业而跑？跑步和某项公益事业的结合，屡见不鲜。

运动和慈善的关联，可能和语言本身有关。举办一项筹款或竞选活动，英文就是 run a campaign。小学就有“跳绳护心脏”（jump rope for heart）这种由美国心脏协会举办的结合运动、筹款、娱乐于一体的活动。在大学，常有“生命接力”（relay for life）之类的活动。在俄克拉何马，为了纪念俄克拉何马城大爆炸，每年都有马拉松长跑活动。

近日，我就遇到了这么一个跑步慈善的传奇人物。我所在的部门在学校里负责举办各种教师培训活动，包括邀请校外客人前来演讲。我说的这个传奇人物就是我们请来的演讲人之一、《千个姐妹》（*A Thousand Sisters*）一书的作者丽莎·香农（Lisa Shannon）。香农住在美国西北俄勒冈。此地风景秀丽，居民崇尚环保和运动。香农本来经营着一家摄影公司，找一些模特在蓝天白云下、草地沙滩上、日落日出间拍摄一些美轮美奂的照片。她后来觉得很假很没劲。有一次，她去巴黎度假，中间生病，提前回家，躺在沙发上看电视，突然看到奥普拉一期节目，上面讲述刚果女子的悲惨命运。她受到触动，从小父母灌输给她的改变世界、制造不同的理念一下子被唤醒。她放弃了摄影事业，甚至为此离开了未婚夫，开始长跑，为刚果女子而跑，借此为她们筹款，唤醒人们对非洲暴力的谴责，呼吁国际社会关注刚果妇女的命运。再后来只身一人，跑到刚果，试图帮刚果妇女自助。她还游说立法者制定法规，限制“滴血钻石”这样的“冲突矿物”（刚果、卢旺达、苏丹等地出产的稀有金属，广泛使用于你我可能都在使用的电子产品中，包括我们的苹果手机）的使用。扶助刚果妇女变成了香农一生的事业。她因此也博得各种声誉，上了哈佛肯尼迪学院，现在她也开始走上了畅销书作家的道路。

为什么选择通过跑步这种方式来筹款呢？这和同情心的维

系有关：她说刚果妇女的命运极为凄惨，被强暴几乎是家常便饭。有的武装部队，甚至把儿童兵带走之前，让其亲手杀死自己的全家。不知如此恐怖的做法，是不是要让其失去人性，彻底兽化。当看到这种描述的时候，我们都被这种康纳德笔下《黑暗之心》式背景里存在的野蛮所震惊，我们会感到同情。但是这样的事情看多了，就产生了“同情疲劳”。而跑步这样的运动，能把内在的同情外部化，真正地“付诸行动”。这种跑步运动，会让同情延续，让关注持续，不至日渐黯淡。这一套说辞，可能懂心理学的朋友会有更好的理解。不管怎样，对跑步这种做法我们是要极力推崇。人的身体，你给它多少，它还你多少。光补不动，不会带给我们健康长寿，而会让我们成为新时代的病夫。能给枯燥乏味的跑步运动注入慈善事业之类的内涵，倒也极有创意，值得借鉴。

九年之后，她跑步跑出了一个慈善公益事业，还有这本书。我在讲座上问此书有无中译本。香农说已有繁体中文译本。有过种族、民族冲突的卢旺达、刚果、苏丹，其灾后如何让受难者恢复，如何形成民族和解，这些方面的经验教训，都是值得学习的活教材。卢旺达的卡加梅总统上台后，为了避开民族冲突，将胡图族和图西族的分别从身份证件上删除，不去强调一个人的民族归属，像这类的做法，就很值得学习。这样的书籍，可以从不同侧面，给中国读者以启发。

但美国运动爱好者这种非常小资的筹款方式，在多大程度上能帮助到刚果的妇女，我倒是将信将疑。香农让我想起了另外一本畅销书《三杯茶》的作者葛瑞格·摩顿森。我曾经在一次大型会议上听他的演说。他热情四溢且诙谐幽默地介绍他如何在阿富汗、巴基斯坦办学。他四处筹款，让阿富汗、巴基斯坦的孩子有书读。会上，他让大家通过短信小额捐款。走廊上有朋友说被他感动得稀里哗啦，发捐款短信发到手软。但后来CBS电视台《六十分钟》节目质疑他造假，质疑他的很多慈善活动是给自己牟利，有不少善款是用来直接宣传他本人的图书。

我能看到香农在走摩顿森一样的路子。她已经开始在筹划自己的第二本书，写的也是刚果。无疑，她把刚果妇女的境况，前所未有地带到世人的面前。从这方面看，她是有功的。可是从另外一个方面看，刚果的妇女，也在给她日渐红火的畅销书事业添砖加瓦。从某种意义上，她也在利用刚果妇女。但在倡导“双赢”、“共赢”的今日，只要不是占用、滥用善款，倒也无可厚非。质疑摩顿森的登山家乔恩·克莱考尔（Jon Krakauer），发表了电子书《三杯茶谎言》，揭露摩顿森利用中亚研究所为自己新书大作宣传。克莱考尔何许人也？他是《荒野生存》（*Into the Wild*）一书的作者。此书介绍了一个埃默里大学毕业生毕业之后，离家出走，在阿拉斯加无厘头死去的故事。同为登山和极限运动的爱好者，一个跑事业，给阿富汗筹款；另外一个的图书，写的是为了极限而极限，最终丢了性命的人。到底哪一个更有意义？如果选择的话，我会支持摩顿森。在身败名裂之前，他做成了一些事。

但在国际视野下，《三杯茶》、《千个姐妹》这样的纪实作品，会矮化其他国家或民族。对《千个姐妹》的负面评论，是说香农笔下的刚果和实际的刚果不一样。少数几个畅销书作者，是可能绑架读者对于某一个民族、国家、时代的认识的。傅苹所著“伤痕文学”之《弯而不折》就是典型的例子。她在书中说自己如何如何受辱受害，到了美国命运如何如何大逆转。此书迎合了美国读者“白人骑士”的拯救心理，一度大受欢迎。中国读者看了细节，觉得不对劲，甚至觉得说不出来地恶心，纷纷指出书中不实之处。但即便有那么多人给傅苹的事实“打假”，仍有人相信她的故事，反而暗示打假的读者是有组织的抹黑行动。读者愿意听故事，作者愿意讲故事，一个愿打一个愿挨。有不少想做点事情而又舍不得眼下舒适生活的人，热衷于在阅读他人的生活中找到一种宣泄，成为沙发上的慈善家。这是一种独特的生态，它通过诸如跑步慈善活动之类的图书，还将层出不穷。而刚果的妇女，有几个能像很多中国移民那样，锲而不舍地去亚马逊网站辩明事实？

此类图书中白人救星的姿态，最是让人质疑。西方大国未必拯救非洲脱离了苦难。事实或许恰恰相反，很多时候，非洲人选举的总统，做得好好的，由于不符合美国利益，被其颠覆，换上一个可能会和美国配合的独裁者——这完全都是为了符合美国的利益而为。这么做是有原罪的，美国人也知道。但是美国这个国家极有意思的地方，是会为了自己的利益，把某个国家彻底打垮，却又向其属下的民众示好。如我过去的一个美国同事所言，“我们可能对于某个群体有偏见，但是我们力求对群体内的个人友好。”他们接纳个体的难民，并给出各种帮助。这方面的努力，比起那种跑步慈善的小资作为，或许更有作用一些。我所在的教会，有个女子专门从事难民安置工作。从她的介绍中我发现，美国一直源源不断地在安置世界各地难民。越战后的越南船民，美国接纳。波斯尼亚冲突后的难民，美国接纳。不丹和尼泊尔之间被踢皮球的难民，美国接纳。非洲战乱冲突后的难民，美国也接纳。接纳之后，到新地方，还负责安置他们新的生活。

几年前，美国新锐作家戴夫·艾格斯（Dave Eggers）所写的书《什么是什么》（*What is the What*）被国内引进。这是一部苏丹难民瓦伦天奴·阿恰克·邓的传记，事实上，这是艾格斯以第一人称写的邓的“自传”。这本书让人关注起本来无人问津的瓦伦天奴·阿恰克·邓。邓借着此书带来的盛誉，成立了自己的基金会，让国际社会关注、支持苏丹。而艾格斯功成身退，继续从事他的写作事业。这样的合作和帮助，似乎更纯粹也更有效一些。

香农的做法，遭到的批评不少。她意识到了这一点。在不到一个小时的讲座上，尤其是我提出《什么是什么》一书的时候，她屡屡强调她更希望帮刚果妇女帮助她们自己，包括使用尤努斯弘扬的那种“小额贷款”方法。估计要传达给刚果妇女的一个信息，是“姐帮你只能帮到这里了”。她也一再强调刚果妇女自身的出色，并试图打破西方人对于刚果人的传统偏见。或许在医治《千个姐妹》引来的箭伤当中，她会把下一部关于刚果的著作写得更成熟。她所做的一切，可能会改变不少个体刚果人的生命。但她这样的慈善家，多大程度上能改变刚果自身的命运，还是一个问号。奈保尔的《河湾》，即以刚果为背景。那里的非洲前景黯淡，前来施加影响的白人，也一个个被边缘化，最终无足轻重。末了的刚果，如同小说开始所说的那样，“世界如其所是，人微不足道”。可能这才是非洲，是全人类的真相。小说里的真相，可能比纪实文学要多。

洪梅的西游记

印度虽与中国毗邻，却是一个神秘的国家。我对它的零星了解，来自E·M·福斯特的小说《印度之行》、奈保尔的描述和电影《甘地传》，可是这些文艺作品，或因其主题之宏大，或因伟人的光芒，让我们在阅读中把众生错过，无法真切地看到这个国家是怎么回事。

《走得越远，离自己越近》是我上次回国期间得到的一本游记，它帮我卧游印度。此书是洪梅和其美国丈夫汤姆·卡特的珠联璧合之作。记载者洪梅，曾为媒体人，文字不错。卡特是一个比较专业的摄影。他早些年曾在中国当“背包客”，拍出了一部在美国旅行家中颇受喜爱的摄影画册《中国》。接着去印度旅行。这夫妻搭档背包行，是要把新兴旅游大国一网打尽的节奏。不过在上海期间我匆匆见到卡特一面，发现他现在有了一个小孩子。这样的话，他们的行程可能会缓慢下来一些。人总应趁着年轻还没有多少牵挂的时候，去多跑一些地方。等你没法东奔西走的时候，反刍回忆就足以抵抗生活的庸常。等孩子稍微大些再去跑，反复几次，我们在这孤独星球上就走得差不多了。树挪死人挪活，折腾也是活法。

我看此书，第一印象是《西游记》。如今的“背包客”，过去叫“行者”。一中一美两个行者，跑到印度，是需要一些勇气的。因为生活方式的极其不同，一路上未免“伏妖降魔”。蜘蛛精琵琶精没有了，老鼠猴子蜥蜴是少不了的，还有乞丐与色鬼，黑店和黑车。衣食住行，九九八十一难也是免不了的：坐火车，一路上能半个身子在车外，跟着火车风驰电掣。包出租车出门，半路上司机会说没油了，管你三七二十一。印度旅舍条件有时十分恶劣，洗澡没有热水，就是冷水，也只能是用杯子舀了往身上倒。印度人一个习俗，是上厕所不用纸，用手。换了一只手，又可以直接抓东西吃。一路上还会遇到不少揩油的大小色鬼。当然由于水土不服，或是食物不健康，还会得病。有趣的是，书中常记载人高马大的美国人汤姆生病，洪梅自己似乎倒没多少事。想来是天朝食物，已集全了元素周期表，让人五毒不侵了。

中国人写印度，把握好尺度并不容易。中国大部分人因为英语不行，沦为世界工厂，而印度则成了外包天堂、世界办公室，窃以为这比用环境恶化换取廉价出口商品要明智一些。这一点想起来，作为中国人心里不免苦涩。恐怕正因为这种心态作祟，有时候我会看到去印度出差的经理人所写的游记，大同小异地炫耀中国比印度优越。

洪梅夫妇不是去印度一些风景名胜地“到此一游”，而是真钻了进去，甚至到了不少犄角旮旯的地方。她能一路记载旅行的艰苦和方方面面的不适应，可是她也能迅速发现一路旅行的美丽。在阿勒普扎的水乡中她写道：“薄雾轻起，经过一丛丛的水草、紫色小花徐徐而来，半个小时后一切豁然开朗。这时，太阳已渐渐露出一点红晕，椰林环绕，小岛云集，鸟儿纵飞，如梦境般美妙宁静。”她笔下的印度，一会儿是脏乱差让人惊心动魄，一会儿又高大上妙如天堂。甚至一个地方会“上午友善，下午暴躁”。或许游记就该这么写，不要携带私货，夹杂某个中心思想，不要有任何先入为主，你带着一颗赤子之心去一个地方，丑的，美的，都老老实实写下来，去书写世界的本相。读者不傻，自己会判断，或各取所需。我过去常写些议论文，习惯了要讲特定的故事。我一开始并不适应这种形式上像西天取经或者保罗宣教，实质上并无经可取、无教可宣，纯属领略风土人情的“领教之旅”。但这种不带使命的旅行，或许更接近旅行的本质。我们走走看看，扩大眼界，领略世界的气象万千，本身就是收获。不是所有的旅行都是出差的衍生品。

作者说“走得越远，离自己越近”。作者夫妇二人四进印度，也算是自我发现，包括夫妻之间的扶持和冲突。他们笔下和镜头下的印度，也让我反思中国的发展。印度政治上比较民主，技术与世界接轨，说现代化也颇现代化。可是它的各种传统，还是有效保留。这里有粉城，也有蓝城，多姿多彩，没有整齐划一。中国很多城市挂着“发展才是硬道理”，把一切旧的东西，都推土机一样推倒，然后建造水泥森林。印度没有这么去做。我不知道相对于“市容”的整洁，我们失去的那种五彩缤纷，以后要多少代人才能给恢复过来。

另外，印度宗教信仰力量很大，这里人们供奉创造神梵天、毁灭神湿婆、恒河女神，甚至还供奉牛和老鼠。宗教的力量，缓解了现代化和发展中种种转型的焦虑：“虽然贫穷，但因为有信仰，内心丰盈而快乐。”有时候甚至还会疯一把，在洒红节上如痴如醉。这是一个问题：是贫穷而快乐好呢？还是土豪而悲摧好？印度未必能成为中国的答案，但可以是一面很好的镜子。

星巴克的档次

前段时间给《美国之音》做了一期关于星巴克的节目。我的电台脸没上过电视，很紧张。另外，我是从俄克拉何马通过Skype连线，一张口滔滔不绝。中间我想奇了，怎么没人打断我？

后来主持人打电话过来，说他试图打断我但是打不断。原来，由于某种技术故障，我开始说话后，插话我就再也听不见。他根本无法将我打断，除非我自己停住或是被导播切断。我好比《奇爱博士》（Dr. Strangelove）里的飞机，飞出去之后只能接着飞，无法召回。

不过为了这节目，我倒是去找来了其董事长舒尔茨的书《一路向前》（*Onwards*）的语音版听了听。本来节目观点是在美国的“平民星巴克”到了中国“华丽转身”，成了小资和精英的“高档的星巴克”。听了这书，我的想法也有了一些改变。

星巴克在美国到底是高档还是低档呢？其实这个问题并不重要，星巴克在美国的文化内涵，更多接近“第三地”（Third

Place)。“第三地”的概念是社会学家雷·欧登伯格（Ray Oldenburg）提出，家是第一地，单位是第二地，星巴克力求成为第三地，如同我们大门口的延伸。这个“第三地”，可包括乡下过去的井边，洗衣的河边，也可包括茶馆和酒吧，其共同特征是位置方便，环境舒适。舒尔茨追求让星巴克成为这样的地方，希望人们在这里喝咖啡，独处或聊天。他说指不定下一个Facebook 或者阿里巴巴的蓝图，就是某个年轻人喝咖啡时拿着餐巾纸画出来的。该公司发言人也跟《福布斯》杂志说，为了成为这样的“第三地”，公司在选址上很讲究，希望满足社区的需要。

星巴克还和很多商家合作，开设星巴克门面。我们附近的巴诺书店里就有一家星巴克。喝一杯咖啡，看一本书，这种感觉良好。也有老年人来这里喝喝咖啡看看报纸，年轻人在这里聚会，夫妻在这里谈心，学生在这里学习，自由职业者在这里做事。星巴克让你在此逗留。舒尔茨是在米兰看到 Espresso 店，受到启发，希望在美国开这样的店。以前的星巴克是卖咖啡豆的，舒尔茨想把它做成咖啡馆（coffee shop to coffee bar），让大家可以坐这儿喝喝咖啡，在这里“生活会慢下来”（舒尔茨语）。人们愿意到这里来逗留。星巴克的一位高管曾笑称，星巴克如果咖啡免费，来的人按照逗留的钟点收费，可能赚钱更多些。中国好多商家急功近利，你不买东西，就不欢迎你。可是你让顾客逗留，最终顾客也会让你逗留。

我过去翻译的时候，就常到巴诺书店的星巴克来。有时候也在这里写些书评，书店和咖啡馆在一起真是便利得很。因为书店的文化气氛，这里的星巴克装饰画上也都是些作家，如乔伊斯、菲茨杰拉德等。我看很多作家也喜欢来咖啡馆。巴尔扎克就很喜欢咖啡，他说："我不在家，就在咖啡馆；不在咖啡馆，就在去咖啡馆的路上"。在他的形容下，咖啡喝下去，思维就千军万马一起出发。

舒尔茨改变了美国人饮用咖啡的方式。我们也亲眼看到星巴克在改变中国人热饮的构成。没想到在茶文化为主的中国，星巴克也开始有了一席之地，且在年轻人中很受欢迎。为什么美国平民的星巴克到了中国，会成为精英的星巴克呢？我问一位在西雅图星巴克当经理的同学，她说星巴克全球定价是差不多的，关键还是人民币和美元有差价存在。另外，星巴克刚进入中国的时候，大部分人不大熟悉咖啡，只有一些比较富裕的人去喝，很多跨国企业到中国，一开始都盯着中国的一个群体，那就是"年轻、富裕的都市白领"。

星巴克刚到中国，也想本土化，比如舒尔茨就曾考虑过将 blueberry muffins 中的蓝莓，变成中国黑芝麻。但是本地的星巴克经理人未必乐意。如果星巴克开始卖中国式黑芝麻甜品了，中国炫情调的人还去不去？这是一个问题。或许有些矫情，但后来我想，也没有什么不好。就好比豆瓣，过去大家觉得这地方太文青，不过它让很多人开始读书，这不是好事吗？

文学作品经常取笑中产们的庸俗趣味，但是要等整个社会很多人都这样，这种趣味开始平庸化，出现禁锢效果的时候，才真正可怕，这是一个过程。星巴克目前来说是中国的一个清新的力量，能帮着改变一下约会谈事非得吃饭洗浴闹哄哄K歌这种风俗。如果大家经常去这种地方，安安静静地聊天，做事，放松，也是好事。日子久了，大家也会觉得这也是休闲或聚会的正道，这就好比我们在技术里说的冲击式革新（disruptive innovation）造成的结果。目前，星巴克咖啡在中国很多中小城市都没有分店。这些中小城市充斥着饭店、洗脚房、洗头屋、桑拿屋、卡拉OK厅。

有人说星巴克是“美国地边摊，在华装高端”。从我自己的体验来看，这么说也不尽合理。星巴克在美国大部分人都可以消费，但也不是低档“地边摊”。只不过美国人“档次”的概念没那么强而已。各加油站都卖咖啡，基本上是一块钱一杯，麦当劳也是，星巴克咖啡比它们贵。不过星巴克咖啡也能维持高品质。这里有二十多种咖啡豆，咖啡一个小时内必须更换，保持新鲜。星巴克的咖啡气味也是环境的一部分。舒尔茨离任后，新的高管开始在星巴克卖早餐，比如三明治，也受到了很多顾客的欢迎。舒尔茨觉得早餐香肠、干酪等食物气味太浓，冲击了咖啡的香味，他坚决要求赶出这些热早餐，保存咖啡的香味，哪怕为此损失利润。他甚至为此和高管闹翻，自己重回星巴克掌舵。这种精益求精，让人肃然起敬。

当然，在美国，星巴克有时候也因名堂太多，对于咖啡太考究，有些“吓人”，所以有“星巴克市侩”（Starbucks snobbery）一说。如果和中国比起来，还是小巫见大巫了。中国星巴克网站上，我看到了“浓缩康保蓝”、“焦糖玛奇朵”、“浓缩玛奇朵”，这些名字很陌生。其甜点更是如此：“特浓巧克力布朗尼”。原来“布朗尼”就是Brownie。这些名字都很陌生，让人敬而远之。在美国好在我可以说：我要regular coffee，medium，也没人在意我是否老土。关于tall，grande，venti，trenta这些尺寸，是噱头而非真正的“知识”，也不是它的卖点，你分不清就说高中低好了，不用扇自己耳光。

在我看来，星巴克的“第三地”环境最为宝贵。它价格稍微高一些，但是并未“高档”到拒人千里之外，而是把人拉近。如果星巴克能把这种软环境带到中国来，而不仅仅适应本地一时的趣味，也是善莫大焉。同时希望星巴克在中国也像在美国一样，能让普通人享用。星巴克有机会打破这种“三六九等”的观念。否则的话，它无法接近更为广泛的消费群体。在中国，人口就是红利。

杂乱并非无章

纽约百老汇大街有两家书店，门对门。甲书店上了一套昂贵的存书管理系统，客户来找书，一找就能找到，书店把系统很当一回事。乙书店走进去，感觉乱乱的，根本没有分门别类，也没有电脑系统管理。几年后，居然是甲书店倒了，乙书店还活得好好的。

这就是《杂乱并非无章》（*A Perfert Mess*）一书的开头。

怎么会这样？你或许会问。确实是这样。我的一个老师杰瑞曾经说过。20 世纪 90 年代在质量管理方面得奖的很多企业都破产了。他还说，ISO 体系，是欧洲人要把美国企业搞垮的一个秘密武器。

我们活在一个非常杂乱的时代，事实上这个世界根本上都很杂乱，不论是上帝创世，还是盘古开天地，太初都是混沌的。后来有了秩序，人又给搞乱，于是上帝发洪水，让一切重新开始。后来又乱掉，又整理。……作为人，我们能力有限，缺陷众多，越整理越杂乱，越乱越要整理。

在我们周围，很多声音在告诉我们要整理，要规划，要部署，要流程改造，要上工作流软件，要上 CRM（Customer Relations Management），要上 ERP（Enterprise Resource Planning）。这一切的一切，都是将人从杂乱带往清晰，从无序带往有序。可惜有些系统理念上高效，实际上低效，甚至反效率。其原因也不难想象，比如它制造了很多关于工作的工作（work about work），而不是帮助你做好工作本身。为了维持它，你得花费人力、物力、财力，去调整其它系统，安排人员培训，适应这些系统，到最后不是系统为人所用，而是人为系统所用；不是狗在摇尾巴，而是尾巴在摇狗（Tail wags the dog）。如果不良商人卖给你的是一个漏洞百出的系统，那就更是噩梦了。一句话，可能大家是在花钱买罪受。

世界上有很多号称能够帮助我们整理时间、办公室、工作流程，甚至组织未来的人。美国有一个协会，名叫 NAPO 协会（National Association of Professional Organizers），有几千会员，你可以花上两个小时时间和 279 块钱，参加其网络课程，学习如何管理时间。

当然，你也可以花两天时间，几千块钱，参加一个培训机构的时间管理课程。你还可以花几十万甚至几百万块钱，几个月甚至几年时间，重新整理你的机构，让机构更为有效，时间的使用更为有效。最后你想，一分钱一分货，得，我花几百万算了，时间就是金钱，花几百万块，几年时间，学习如何缩短流程时间，如何提高效率，多好！那头的顾问笑眯眯问：可不可以帮我把这钱顺便数一下？否则我们数钱的时间另外收费。

秩序并非都是坏事。人生活的本质，就是我们不断在杂乱和秩序之间游移。希腊神话里有两个神，一个是酒神，一个是日神。日神叫你收敛，酒神让你张扬。日神叫你整理，酒神叫你创造。日神让你收拾，酒神叫你扩展。日神让你服从规则，酒神让你制造例外。

生活仿佛就是二者不断的较量和更迭。可是也有一些人走向了两个极端，太乱不是好事，太过整饬也不好。人得中庸。中庸不是平庸，而是一种莫大的智慧。我想我目前还比较偏激，还达不到这境界，我的偏激就是不喜欢太过整饬的工作环境，或者人。有的人活得太整齐，太有条理。他们工作中西装笔挺，井井有条，回到家也有规有矩，从星期一到星期日，赤橙黄绿青蓝紫七种内裤有序更换。这种人我敬而远之。并且，一些所谓高效能的人不仅处事高效，待人也高效，不允许一点旁枝末节，对自己无用的人，他会毫不犹豫地甩到一边。因此，杂乱一点的人通常比较温暖而宽厚。过于洁癖的人则冷酷、市井、偏执。当然，这都是规则，例外到处都是。

秩序和无序在这个世界上并存，可是从价值观上看，我们往往更喜欢秩序。因为它的好处显而易见。

杂乱不需要请人来帮你制造。它的好处不见得小，可是却未必明显。比如有人上门告诉你，他来把你的部门设置砸个稀巴烂，将你的组织架构摇匀后服用，将你的工作职责一锅煮，你一定不要请他。

和我们通常所持的偏见相反，真正高成效（effective）的人未必依赖高效率（efficient）的程序和规则。你可能会觉得加州州长施瓦辛格是个有秩序的人。媒体都以为他和其他州长一样，每天活动非常完好地填在日程表上。其实不是，影星出身的施瓦辛格根本没有日程，你要找他，临时打电话好了。他有时间会立刻给你安排见面。没时间你换个时间再打说不定就可以。可能是受动作片演员生涯的影响，施瓦辛格讲究的是即兴发挥式、灵活式的效率。可是话说回来，如果他的助理也一样即兴发挥，可能立刻就被炒鱿鱼了。因此，参加时间管理最多的是一些行政助理人员。领导则要学习如何创造，如何得到创意。

创意怎么来呢？为什么所有的创世神话和神的话之中，太初都混沌呢？混沌不仅是创世的前提，也是很多创意的源头。

越来越多的知识行业的工作者，也需要杂乱带来的创造性解决问题的办法。我曾经看过一句话，说："如果桌子上一片杂乱就说明一个人思维混乱的话，那么桌子上一片空白又说明了什么？"我们办公室有个家伙，桌子上的纸越堆积越多，后来在桌子另外一头又堆了一堆，结果两边纸对着长，就如家乡神话中所说的两座比高的山。斯坦福一个教授，办公室乱到能找到纸找不到人，学校实在没有办法，给另拨了一办公室，好让他自己平时埋在纸堆里，见学生的时候去另外一个办公室。高校不大在乎这杂乱，因为做学问搞研究需要这些。企业崇尚所谓“无纸化办公室”，然而杂乱一点，也大有好处，例如：

完整（completeness：awash in useful mess）：一般的商店分门别类，根据市场的热门需求，卖时下畅销的产品，可是卖五金百货的 Harvey 就不一样，五花八门什么都有，比如防洪器材。这些器材或许两三年卖不了一件，可是一旦真的发生了洪水，便一销而空。因此，没有被各种各样库存和物流系统玷污过的 Harvey，居然越做越好，把一些管理现代化的商店给打败了。分门别类不是什么好东西，不妨想一想 Yahoo 和 Google 的不同命运吧。Yahoo 做搜索，很强调分类。结果却被什么都能搜的 Google 甩到后面。

共鸣（resonance：in tune with the external）：杂乱更容易让一个系统和外界社会发生和谐关系，如果整理过度，会让系统与外界隔绝。创意的产生，和杂乱大有关联。科学到了顶尖境界，并非一些科学教宣扬的那样是遵循科学方法的结果，而是在思维的持续关注过程中，偶尔在杂乱中找到了一些规律。比如在乱糟糟办公室中发现青霉素的弗莱明，比如“杂乱之教父”爱因斯坦（想想他的头发和胡子吧），比如在苹果树下被砸出了力学定律的牛顿。当然，这些人精神都长期灌注于一件事上，故而能在乱乱的环境中偶尔开悟，这种现象学名 serendipity。如果你没有这种持续的关注和事先的知识和学科素养，是不可能出现这种灵光一现的 serendipity。你让我坐在苹果树下，你去摇，让苹果噼噼啪啪雨点一样掉在我头上，我也不会发现出什么定律来。一个人有心，能在杂乱中发现关联，灵感的星星之火会在他的头脑中成燎原之势。

发明（invention：creative disorder）：很多大厨做饭，发明新食谱，都喜欢把大量佐料摆出来。过度整洁，会限制新奇的产生。爱迪生在找到钨丝之前，就到处乱找，用了包括纸张、棉花、竹子在内的无数材料，这些实验中他自己的实验室都着火烧掉了。

效率（efficiency：a messy route to the target）：美国在伊拉克阿富汗搞不赢，其敌人是恐怖分子和所谓“反叛者”，照说小布什还是 MBA 呢。问题坏就坏在这里，一个学了 MBA 的人，怎么去对付根本不按规矩出牌的人？古时候打仗，熟读兵书的赵括按兵书打，结果惨败。历史上一些著名的战役，反而是出奇制胜。打仗就是这样，战况随时在变，你不可能一成不变，希望敌人恰好按照你的计划，在规定时间、规定地点出现在某个埋伏地点。这不叫打仗，这叫双规，叫法办。我觉得我们过度相信诸葛亮式的“神机妙算”，这真不是什么好事。21 世纪什么最贵？是有所准备，却又能灵活应变的人才。

连幽默都是这样，别人能想到的状况不能成为幽默。世界上没有一种整整齐齐的，按部就班写出来的幽默，就如同作协很难产生出伟大作家一样。幽默是一种惊喜，是对思维的奇袭，是思路的瀑布，是文字的急转弯。

健康（Robustness：well-rounded strength）：为什么我们说“不干不净，吃了没病”。其实好吃的东西，都是在乱乱的厨房做出来的。中国的医学没有美国发达，环境也没有美国好，如果这些条件扯平，那么中国人一定比美国人更健康，因为我们吃得杂。比如美国吃一头牛，身上很多部位都给扔掉。中国人就不同，牛鞭都能做成汤。当然也不能太杂，连果子狸都吃。

总体上说，一个乱的系统，往往更接近自然的生态，故而比一个整饬有序的系统更为健康，就如同美国猪，一定没有中国农村放养的土猪好吃。

写到这里，本文已经全部乱掉。

维基革命:“平民”窟的百万富翁

《贫民窟的百万富翁》电影中，印度青年贾马尔参加“谁想做百万富翁”，一路过关闯将。后来组织者怀疑他作弊，将其逮捕，在警察办公室，他讲述了他的一生，是如何让他在“社会大学”中发现了这些问题的答案。1957 年，美国发生了一件真实的“贾马尔”事件。大学教授查尔斯·范多伦(Charles Van Doren)和贾马尔一样参加了一次这样的知识竞赛，历时两个月，他赢得了大奖 138000 美元，上了《时代》封面。但是后来范多伦被人揭发作弊，于是这位辉煌一时的教授灰溜溜走出象牙塔，改行卖《大不列颠百科全书》了。

如果知识竞赛中除了观众提示、电话联络等求助方法之外，允许查维基百科，那么贾马尔不会被警察抓走，范多伦先生也就有可能货真价实地获奖，而不用日后去卖《大不列颠百科全书》。这年头举办形形色色的知识竞赛其实是一件很荒唐的事，它会造成一种印象，让人以为对知识的掌握、控制是一种力量。这样的认识，才造就了贾马尔，毁了范多伦。在后信息时代，这样的知识竞赛其实应该取消。在网络的江湖，知识本身已经不是力量了。

在信息技术领域，如今大家都在谈 Web 3.0 了。那么 Web 2.0 留下了什么遗产？其最大的思想遗产，就是人们认识到信息没有那么值钱，知识也没有那么神秘。一个普通人只要拥有网络，就可以飞快地搜索到他所需的信息。作为一个翻译，我对这一点深有感触。在谷歌和百度之前，一个翻译遇到了不理解的东西，他或许要乘车去图书馆，在里面猛查资料。而现在，可以通过网络，轻而易举地找到疑难的解答。以往被精英阶层掌控的知识，现在人皆可获。更好的是，你不用去学习，去记忆，它会一直在那里等着你去查。如此，在一定程度上说，每个人的大脑都可以解放出来，去做更为复杂的思维活动，如分析、评估、综合、创造。

换言之，在知识领域，我们每个人都成了“平民”窟的百万富翁。

这也是正是新媒体研究学者、哥伦比亚大学和香港大学教授郦安治（Andrew Lih）在《维基革命》（*The Wikipedia Revolution*）一书中要表达的一个观点。这本书有个副标题：一伙无名小卒如何创造了世界上最伟大的百科全书。

维基百科是目前世界上最大的网络百科全书，向所有受众免费开放，也是维基社区的无数志愿者自己添加条目，自己编辑的。它是网络 2.0 时代最有标志性和影响力的现象。维基人如同叠罗汉一样，一个接着一个，去扩充网络上的知识。就这样，人们看到历史不过才七八年的维基百科，发展成网络巨无霸。这过程，就好像蚂蚁建造复杂的蚁山或地下通道一样。让人困惑的是，在维基百科，很多人是义工，是他们自己主动要维护维基的。一个典型的例子，是维基地图的制作过程。2002年10月，电脑工程专业的学生德瑞克·拉姆西（Derek Ramsey）待业在家，在求职过程中，发现维基上找不到相关的城镇信息，他于是开始通过美国的人口普查信息（公开数据），生产一些城镇的页面。这个拷贝加粘贴的过程很枯燥，于是他设计了一个程序，自动从美国人口普查数据库中抓取信息，生成维基页面。此后，另外一个维基人赛思·安东尼（Seth Anthony），开始手工制作各个县、各个城镇的地理方位图。后来又有一些其它的维基人加入进来，参与了地图的制作。本书作者感慨，制地图这种事情枯燥得不得了，一般情况下，你给钱让人做都不一定有人愿意，可是这些维基人却像着迷一般在做这事，而且是利用自己的时间，这就是一种维基精神。

中文维基百科的发展中，也有一些这样侠肝义胆的维基人。中文条目增加的过程中，一个最为严重的问题是繁简体的转换。大陆用简体，港澳台用繁体，马来西亚和新加坡又用一种“马新简体”。那么不同人输入的条目，字体不一样怎么办。这个问题困惑着维基中文的发展，直到后来马萨诸塞大学中国博士生郑竹（音译）发明了一种转换程序，能在不同字体间自由转换。顺便说一句，现在广东话版的维基都出来了，上书："海納百川，有容乃大。歡迎嚟到維基百科！人人都寫得嘅百科。"郑的程序后来又用于其它维基字体的转换当中，如塞尔维亚的西里尔字母和拉丁字母拼写的转换。郑的做法被其它人沿用，这也是一种共享、参与、延伸的"维基精神"。

所谓"维基革命"，在很大程度上是一种借用群众的力量、共同营建一个社区的革命。其实这个说法并不新鲜，网易很早就提出了"网聚人的力量"一说。只是很多时候网络并没有聚集人的力量，只是暴露出了众多网民的存在，可是这种存在本身是不具价值的。众人你说一句我说一句产生的信息，往往并无价值。人的力量能否聚集得起来，要看这个网络是否有足够的吸引力。维基的开放性和编辑特色，使得人们有可能产生知识，但是并不相互重复，而是借助于众人的力量，产生了一种有自我修复的能力。另外，作为开源运动，有一种浪漫色彩，认可普通人在知识创造中的贡献，也不知不觉激发了一些人深层的"利他主义"情怀。维基在本质上假定每个人都有知识创造的平等权利，所以当一个人在维基百科上找不到理想的信息的时候，它鼓励前人栽树后人乘凉，鼓励你自己去提供这些信息。维基的一句口号是：找不到合适的信息是吧？那么你来整！（So fix it!）这种认可和平民化特色，是维基迅猛发展的主要原因。

维基的模式也在诸多领域被人模仿。奥巴马的竞选活动就是一种维基式竞选。他将自己的竞选改称“运动”，从而赋予了一种理想的、革命化的色彩。这过程当中，他也充分调动了群众的力量，只不过维基上大家是作者，而竞选中大家是义工而已。而维基的编辑，在这开源竞选的活动当中，成了社区的组织者。可能是受到了维基的启发，凯斯·桑斯坦（Cass Sunstein）写了《信息乌托邦：众人的智慧如何产生知识》（*Infotopia*）一书，探讨这种“维基式”模式下，人类能否产生比少数精英主导的更好的信息和智慧。但是这种模仿未必可以照搬。美国有家报纸受维基模式的启发，决定将其“社论”维基化，比如一篇关于布什伊拉克战争的社评。可想而知，这维基社论以惨败告终。这个话题十分具有争议性，是无法用中立客观的维基原则，产生一个一致观点的。

维基运动有其明显的长处，比如它及时、相关、丰富。很多话题，探讨得相当深入，由于参与者多，更新得也快。这在传统百科全书的编辑当中是很少见的，比如我们无法想象麦当娜的词条以及近况会出现在百科全书中。而在维基百科当中，麦当娜今日去非洲领养儿童、法庭对她领养第二个孩子的宣判，当天就有可能出现在维基百科中。在这一点上，网络有着纸质媒体无法企及的优势。

由于维基在很大程度上是一群爱好者的业余工作，维基在条目的数量和质量上，有很明显的个人爱好的特色。比如关于计算机的条目就很多很完全，质量也很高。关于小甜甜布兰妮、星球大战、科幻电影等的条目，在数量和质量上都是一流的。毕竟很多写作者和编辑是年轻人，对这些话题更有兴趣。可惜的是，关于文史哲类的条目就比较浅薄，缺乏传统百科那样的份量。维基百科在内容上有一些厚此薄彼的倾向。比如至本文写作时为止，关于苏格拉底的条目为15屏长度，布兰妮为22。是不是说苏格拉底的篇幅就不应该超过布兰妮呢？显然，是兴趣和认知的差距导致了这种缺陷。或许正是由于这个原因，一些教授虽然自己使用维基，但是不提倡学生在学术论文中引用维基条目。为了解决这一问题，维基也希望通过付酬的办法，增加关注不足的信息内容。

但是付酬创造内容，谈何容易？由于维基本身的“开源、免费”出身，一说到钱的问题，处理起来必须慎之又慎，因为没有人希望这个伟大的实验突然变质。但是要是长期经营下去，维基必须赚钱。目前来说，维基基金会每两年举办一次自愿筹款。其思路如同公共广播电台之类的经营方法，但是有趣的是，截至目前为止，愿意给这个乌托邦式的项目捐款的人还络绎不绝，足以维持百万元的经费，但后来维基从佛罗里达搬家到了旧金山，这区区百万就显得不够了。这可能是维基的一个发展瓶颈。同样是“免费、开源”的火狐浏览器，据说钱多得不知道怎么去花，因为当用户经由谷歌点击收费广告的时候，火狐就有一定的盈利。可是这个模式用在维基上既行不通，也很难被人接受，因为这在本质上违背了“维基精神”。

一个建议贴出付费广告的内部邮件，就曾经引起轩然大波，直接导致西班牙语版维基的“大出走”和另立门户，使得维基元气大伤。

维基面临的另外一大威胁，是传统百科全书的网络版也并不是按兵不动，等着人家来打。百科全书的一大长项是多媒体内容，这是“免费”的维基暂时还无法做到的，它们会继续完善这方面内容，与维基抗衡。《大不列颠百科全书》也开始了一些比较意想不到的变革，比如邀请读者提供内容。但是它的做法是“喻于利”，说要提供一个报酬体系，并给内容提供者“提供一个丰富的网络的家，让他们可以宣传自己，自己的工作和他们的服务”。老百科全书走向网络的时候，坚持“协作但不民主”，并不平等看待所有人的建议。在改革过程中，它仍坚持三个原则：写作者为自己提供的内容负责；尊重专家的意见和声音；保持客观性。这些在信度上会挑战维基百科。

维基是一场革命，这场革命的最终敌人可能是它自己的成功，当那维基精神式微，维基成了一个成功的网络百科全书的时候，维基何去何从？维基长大后干什么？这是书末的一大问号。作为一个书评人，我碰巧路过，就把这个问号顺手接过，交给各位读者吧。

《纽约客》前台回忆录

就如我们《西游记》中常看到的那样，在天庭久了，神仙的坐骑都能修行得道：观音的坐骑成了朱紫国金毛犼，太白金星坐骑成了青牛精。再不济，它们也带几分仙气，下了凡便成精成怪，呼风唤雨兴风作乱。职业本无贵贱，但和就业场所、结识的人组合起来，结果就难说了。詹妮特·格罗斯（Janet Groth）是位前台小姐，不过工作单位是在《纽约客》。最近，她出了一部回忆录《前台》（*The Receptionist*）。

格罗斯来自衣阿华州，从小梦想写作。接近作家群落是她的一个起点，不想差一点成了终点。她应聘《纽约客》，面试的是E·B·怀特。怀特当时是《纽约客》最著名的作者，也是资深宅男。面试时比格罗斯还紧张。面试后，怀特把她引荐给秘书部主管。主管一看她来自中西部，穿着保守，谈吐实在，不像“威彻斯特郡或者康涅狄格的女孩……我们这里穿着言行都要像个淑女”。从此，她开始了自己在《纽约客》的前台生涯。在中国，前台是青春饭式职业，很多人只是以其为跳板。格罗斯从1957年一直做到了1978年，长达21年之久。但这是家著名的大都会杂志，她近水楼台先得月，能获得杂志社人员特有的一些福利，如歌剧、夜总会、艺术展览、电影首映的各种门票、圣诞节期间时装部大派送的香水和鱼子酱。

更大的“福利”，是能接触各类作家和其他创意人员，能看到编辑、作家、漫画家、事实检核员。格罗斯给他们收发信息、抵挡干扰、接听电话——后来都能分辨出各位作者配偶和子女的声音，她见证了作者们的“来与去、结婚和离婚、臭名昭著的丑闻、他们的成功与失败，还有悲剧、自杀、疾病、死亡”。

她当差的地方便是《纽约客》十八楼创作部。这是个谈笑有鸿儒、往来无白丁的地方。书中记载了《纽约客》大楼来往的一些传奇人物。塞林格来这里找不到可乐售货机要问她；伍迪·艾伦下电梯跑错楼层，是她出来领路；詹姆斯·瑟伯找不到地方写作，也是她来给安排办公空间。在《纽约客》期间，她还曾有六个月在艺术部当差，其前任之一是后来称为著名作家的杜鲁门·卡波特（Truman Capote）。二十出头的卡波特在《纽约客》艺术部打杂，工作之一是退稿给作者，但他工作敷衍，经常把作者的稿件塞在桌子后的各种缝隙里，而不是及时回复，经常有些非约稿作者打电话到杂志社来，哭诉自己的作品肉包子打狗有去无回。卡波特后因得罪诗人罗伯特·弗罗斯特，被炒了鱿鱼。顺便说一句，很多创作天才做一些普通工作反而做不好。曾经在邮局上班的福克纳也是，心思用在写作上，本应处理的邮件大量积压。

书中描述的约瑟夫·米切尔（Joseph Mitchell）是杂志社纪实报道的作者，却有小说家般的文笔。一个爱尔兰风格酒吧墙壁上上百年的照片、纪念品，他能用栩栩如生的文字再现出来。这位说话有些结巴、举止温文尔雅的写手，引格罗斯为红颜知己。每个星期五，他请她吃饭，号称用的是自己"斯堪的纳维亚稿费"。两人的交往，如果她的描述正确，那真是读书男女之楷模。他们一起吃饭，讨论乔伊斯、卡夫卡和写出了"我心有猛虎在细嗅蔷薇"的英国戎装诗人西格夫里·萨松。这些饭局充满柏拉图式恋爱的色彩，贵圈真怪。

但没多久，女性好八卦的特征就在书里占了上风。比如1975年《纽约客》周年庆上，有人用照片捕捉到她与米切尔一起饮酒的亲密照片。她给出了越描越黑的澄清。再接着，我们看到作者和《纽约客》诸公的艳情和情伤。她通过《纽约客》编辑部，结识一度担任她老师的诗人作者约翰·贝里曼（John Berryman）。这位诗人隔三差五向她求婚，用充满诗意的语言，赞颂这位前学生"面孔带着荣光，头发金黄似火，昔日学生的身体，幻变为这充满女性荣耀的样式"。这位诗人多年怀才不遇，后来熬到获得普利策奖。可惜一直酗酒、忧郁，后来在明尼苏达州大桥身亡，不过不是摔死的，而是扎进了淤泥里，被呛死。这个结局对于一个在生活的淤泥里挣扎了一生的诗人来说，无疑是一大讽刺。

几次比较重大的恋爱失败后，她成了晚会女郎，在纽约上流社会纸醉金迷。她滥交，荒淫，和人在一起做“床垫上的杂技”，玩的就是心跳。也有文化人试图拯救她，带她过“上流”生活，去东村的法式酒吧喝马提尼，吃嫩煎小牛肉片，再去听玛利亚·卡拉斯的演出。一段又一段或精神或肉体的恋爱之后，39岁的她嫁给了一个比她大二十四岁的原房东。老头上过哈佛，当过兵，颇有文化，对各种议题均有主见，懂生活，也有事业根基，似乎比所有作家和艺术家加在一起都还要靠谱。

格罗斯在《纽约客》做了二十年前台，未曾升职。有些《纽约客》作者说这个职业是她刻意的选择。作者自己其实有时候觉得挫败，她对这一点毫不讳言。这种坦诚和书中经常出现的自嘲，实在能看出作者如今心态很好。她说她申请过其他职位，如事实检核员，但被告知她这么漂亮，核对什么事实？太屈才了。她申请当稿件初审员，被告知她在圈子里呆得太久，过于熟悉杂志喜欢的小说，难有新鲜眼光……最终她断定，如此种种说法都是借口，作者和编辑们需要的是她提供“婆婆妈妈的悉心照料”，不愿意她另谋高就。

在二十一年的前台岗位上，她显然是敬业的。在这个怪类迭出的圈子里，她的存在就是定心丸、稳定器、压舱水。任职期间，杂志主编一直是有幽闭恐惧症的、性格内向的威廉·肖恩（William Shawn，1952－1987 年间任职）。谁知道，说不定一个杂志的维系和繁荣，就需要这样：不换主编，不换前台，别的人怎么换都行。

如果阅读回忆录纯粹是想了解纽约客作家的八卦，可能读者会失望。我自己本想看到关于杂志主编肖恩的描述，但书里写得很少，也可能是她和主编正面接触的机会不多。这本书毕竟是个人回忆录，重点是作者自己。她说得更多的，是她丰富的情史，她英文博士、前台小姐、晚会女郎的奇怪身份组合。作者似乎并无兴趣让人通过此书来深刻认识《纽约客》杂志办刊原则和杂志沿革，这些只能从字里行间隐约看到。她更多是借助《纽约客》，把注意力拉到自己身上。这有时候让人厌烦，比如她在希腊度假的经历，用了两章来记述。读着读着，我纳闷我为什么要读这个。拜托多说说《纽约客》吧。

但如果放下窥探《纽约客》的心态，阅读一个人的心路历程，此书倒是有趣。任何行业，都能挖掘出价值和意义来。人有时候需要给自己一生做得最多的事情做出一些解释——未必是给写墓志铭和追悼词的人看。很多普通工作到最后，都开始琐屑枯燥，难以忍受。这时得为自己所做的一切，寻找意义和趣味。我看高中退休老师弗兰克·迈考特《教书匠》时，也有类似感受。有朝一日，我也可以写部回忆录，描述我在美国从事教育设计，和各种各样古怪老师打交道的经历。他们经常误以为我是一个电脑工程师，叫我“搞技术的”（The Technology

Guy)，我跟老板说，我以后会写一部叫“The Technology Guy”的书。他笑说，等你退休再说。我想也是，要不得罪了人，我会提前被退休的。格罗斯的回忆录，是她离开《纽约客》后，从一个“安全距离”所写。其中一些人物还健在。一些她不喜欢的人，她用的是化名。这么写其实是有一些风险的。

《纽约客》文化的影响，在此书中无处不在。作者喜用大词，如“同事”她用“confrere”；“乞讨”她用“cadge”；“流泪”她用的是“lachrymose”。至于法文等外来词，更是比比皆是。近朱者赤，整本书行文风格很“《纽约客》”，估计更适合文艺青年口味，未必能取悦其他大众读者。对于写作的人来说，如果不能两全的话，我们要么在一个有点文化的地方做点不大费劲不大重要的事，要么在没文化的地方费劲地做点重要的事。假以时日，我们也能攒部回忆录。

睡觉不好怨床歪

去药房拿药回来，夫人问：你有没有问这药是怎么吃的？

我回答说：用嘴吃。

结果被臭骂一顿。我觉得冤枉。我的想法是这个问题还用问吗？这种小孩子吃的维生素又不是处方药，医生甚至没有给医嘱，那药瓶上还能不写吗？

我于是拿出药瓶，左看右看，上面只写着一次吃 1.0 毫升。

是一天 1.0 毫升，每六小时，还是一星期？对方辩友问。

我又拿出夹在里面的说明书，然后再看纸盒子，左看右看上看下看，就是找不到是每隔多久吃一次的任何信息，虽然每个能写字的地方都写得满满的。

最后我只好打电话问医生，才把问题给解决。

如果是以往发生这种问题，不用劳动我们家那位的口舌，我自己都会骂自己的愚蠢。

但最近看完《日常事物的设计》（*The Design of Everyday*

Things）一书后，我看问题的角度也不一样了。我发现这并不是我的问题，而是药厂的设计问题。

创办数字设备公司（DEC）的 Kenneth Olsen 在公司的年度会议上无奈地宣布，他一直没有搞懂如何用公司的微波炉来热咖啡。《日常事物的设计》作者唐纳德·诺曼（Donald Norman）的一个朋友买了个电子表，老半天都调不好，无奈地摇头说：要把这表调对，得有麻省理工的工科硕士学位才行。诺曼说正是，我就是麻省理工的工科硕士，可我也调不对。不会用微波炉热咖啡的那位朋友拥有麻省理工的两个工科硕士学位。

如果我们觉睡不好，有一种可能，就是你的床真是歪了。不是你睡觉的问题，而是床的设计问题。

设计是一门很大的学问。它是设计者和使用者通过产品实现的无声交流。按照《日常事物的设计》一书的说法，好的设计应该具备如下特征：

适用性（Affordances）：就是事物的实际功用，以及我们对其功用的常见解释。比如一个矮矮的敞口的容器，就很有可能被看成烟灰缸，虽然你可能是想把它设计成笔筒。刀形的东西，我们就想着用它来切东西。思维有一定的定势，除非有别的方法将这定势打破，否则你最好顺应潮流，按照这定势来设计，如果你不希望有人把烟灰弹入你的笔筒的话。

限制性（Constraints）：你给使用者增加限制，使得他犯不成错误。比如电脑的各种接口，最好设计成一个萝卜一个坑，你想插错都难。

对应性（Mapping）：现在新出来的电话的功能多如牛毛，但如果你不去玩它，有很多功能就会废弃不用。因为有些功能是数字组合而成的，而这种组合是一种人工的、随机的组合，并不能在用户的头脑里形成自然的对应。

反馈性（Feedback）：使用者采取了某个行动，会有及时、明显的反馈。其实汽车上的各种功能不比各种新的电话少，但是掌握起来，失误却少得多。因为汽车上的每个功能执行起来，都会有即刻的反馈。而你打电话的时候按错了某个复杂的键，拨给一个错误的人，你或许只有等对方接听电话的时候才能发觉。

《日常事物的设计》一书封面上有一只茶壶，茶壶的壶嘴和把手在同样一边，如果你倒茶，很有可能就把自己烫伤。

有问题的设计几乎无处不在。有时候不出点事情，还没有人想起来去追究设计者的责任。有个笨贼，偷到人家的车库，结果无论如何打不开车库门逃走。而主人又正在外度假。笨贼在车库里饿了几天，冻了几天，吃够苦头。主人回家后，笨贼终于逃出，头一件事就是去控告车库主人，说这车库门设计不合理，造成自己身心健康蒙受损失。官司居然给他打赢了。

呆伯特之黄鼠狼当道

每次来新报纸，总是抢漫画版先看。而漫画版又总是抢呆伯特（Dilbert）的漫画先看。呆伯特是个马桶盖头的家伙，戴个眼镜，四方脸，歪戴着领带，相貌笨拙可爱。呆伯特是个典型的办公室动物，生活在“办公隔间农场”，也就是在写字楼我们常见的，大部分上班族赖以生存的小小隔间。他有个上司，秃顶，两边各留一束尖尖的头发，酷似魔鬼的双角，成天盘算着怎么欺上瞒下。呆伯特还有女同事，三角头，红色工作装，嘴唇鲜红。还有个戴厚眼镜的秃顶。所有人物都形象鲜明，故事也妙趣横生。

小隔间故事多。呆伯特的漫画每天出现在 65 个国家的 2000 多份报纸上，翻译成了 20 多种文字。可见上班族命运天下大同，办公室法则超越文化。流行到了这个地步，创造呆伯特形象的史考特（Scott Adams）现在什么事不干，天天在家数钱都行。

不过像这种人的富裕，没有任何人会表示异议。亚当斯这家伙实在是聪明过人，一个人能把小小的办公室生活写得如此淋漓尽致，如此解渴解恨，我们还能有什么反对意见呢？

画了一段时间的漫画，亚当斯开始写书。一写就畅销，而且蹲在排行榜上久久不下来。他写的早期“学术著作”《呆伯特法则》（*The Dilbert Principle*）总结了公司最无能的员工如何“系统地被挖出来，系统地被提升到管理职位”。我没有看过此书，不过作者在《呆伯特之黄鼠狼当道》（*Dilbert and the Way of the Weasel*）里进行了总结。他说，呆伯特法则总结起来，就是一个智障的大猩猩，喝上整整一箱子啤酒，仍然能够完成大部分管理者的工作。

《呆伯特之黄鼠狼当道》是《呆伯特法则》的续集。续集往往打不过原著，但是这本续集却续得非常经典。书里说，在极度高尚和极度卑鄙的人之间就是我们这些众生，我们都是黄鼠狼。亚历山大·蒲伯说：人谁无过，原谅者，神也（To err is human，to forgive，divine）。亚当斯顺手一改，变成：人谁无过，掩饰者，黄鼠狼也（To err is human，to cover it up is weasel）。

亚当斯的伟大，是把各种掩饰的面具揭下来，让形形色色的“白骨精”（白领、骨干、精英）们原形毕露，也让狡猾的上司无以藏身。比如激励，亚当斯说：做中层管理人员就如同做一个渔夫，不同的是，渔夫有工具，比如钓鱼杆，鱼网，或者炸药，而管理者，你只能说服鱼自己投降，自己上钩。所谓激励，就是不想给员工加薪，同时又让他干更多活的各种“花头”。有个老板很绝，他告诉某员工说，他升职了。员工说我不还是做这个职位吗？老板说，不，去年公司大调整，调整中你的职位不知不觉就下降了，怎么下降的你都注意不到。现在我把你调整到你原来的职位了，这不是提升是什么？

这种提升我也得到过。我曾经在一个部门当头，头衔却是“副经理”。有一天，什么都没有变，我的头衔成了经理。老板笑眯眯地向我宣布决定，我居然非常激动。想来愚蠢。还有一次，公司为了体现对我们的工作的重视，把我们的部门变成了“中国研发中心”。研发中心就我一人，拖一个小兵。这也是“提升”。

读亚当斯的故事，所有的上班族都不会感到陌生，甚至觉得茅塞顿开，至少，大家不会再受各种各样管理名词的欺骗。什么组织再造，什么客户为本，什么流程重整……都是黄鼠狼老板想出的猫腻呢。不过亚当斯的主要目的是调侃，是幽默。国内书商把调侃变成叫人在办公室“厚黑”的学问，什么办公室政治，什么办公室生存，教人如何变圆滑、去钻营，这就让人笑不起来了。

造时势者为俊杰

欧洲商学院教授让-克劳德·拉里齐（Jean-Claude Larreche）写了一本《势效》（*The Momentum Effect*），论述“势”（momentum）效应。书中说，很多企业做法都比较类似，比如生产、研发、营销一应俱全，但是有的做得成，有的做不成，何也？他总结的结论是有些企业有“势”。少了这个“势”，就好比好厨师做菜少放了盐，菜配料再齐全，味道就是不对。这里的“势”，如物自高空而坠落，或大河至悬崖而倾泻时释放的巨大能量，放在经营管理的语境里，它指造就成长的巨大能量。

中国的过剩营销

说到“势”，人们最多联想到的肯定是营销中的造势。但这本书却让人反思当今社会的过剩营销。作者这位欧洲商学院教授说了中国民工也会说的一句话：很多营销和促销活动，是意图掩饰或粉饰，多半名不副实。从行走江湖的“策划人”、

“点子王”，到形形色色的“现代营销”，中国自开始市场经济以来，在营销上下的功夫可能最多。

20世纪90年代初，常听说一些“点子大王”的故事。例如“点子大王”何阳“一个点子卖了40万”。据说有商家的一次性杯子卖不掉，何阳建议他在杯子上印地图，结果产品大销。但其策划同行指出：40万人民币需要厂家销售1亿只纸杯，就是在每列1500人的火车上，有1/3的人购买，也要60年。那些其它的策划成功故事，真伪无从查考，可查考的是，何阳后因诈骗被捕判刑。

后来人聪明了，不信这些“金点子”了，不然显得自己好像没有头脑，没有点子似的。但是很多人开始迷信洋咨询的营销术。以前在培训行业，教人思考的课程始终难以启动，而科特勒等营销大师很受追捧。很多企业再苦也不苦营销，事实上营销或许成了他们最大的业务，“四两鸭子半斤嘴”，都希望以一种巧妙的方式，迅速去占领市场。不是扎扎实实，通过对客户的深刻认知，依据对未来的想象，做好产品，而只是在营销上、广告上玩点噱头和小聪明。很多人认为“酒香不怕巷子深”已成过时概念，所以宁可兑假酒，不惜血本把钱花在广告上。

作者说很多企业“做势”失败，在一定程度上是本末倒置，把本来应该培育、改良产品的钱花到了营销上，以至于在过剩信息当中，营销的钱白花，产品又上不去，所以眼睁睁看别人走到了前头。很多广告和营销是很浅层次的，顶多是“露脸”式营销，让人知道自己的存在，混个脸熟，属“加强认知”（awareness building），未必能够强化客户对产品的情感认同，甚至恰恰相反，如一些在电视上疲劳轰炸的流氓式营销的保健品公司。当一个公司只求露脸而不要脸的时候，它的发展是很难长久维持的。

而有“势”的企业，虽然也营销，但不把宝押在上面。那么“势”从何来？作者从诱人的认识、诱人的价值、诱人的资产、强劲设计方面论述了“势”的成因，又从执行、满意度、驻留、内部造势、势型领导等方面，论述了如何保持、强化“势”。作者是个教授，所以书结构上像本教科书，对如何造势写得面面俱到。但在这里，就不去剧透，掠人之美了。

书中最吸引人的地方，不是他手把手教人造势的过程，而是他的一些独到见解。比如如何去深刻认识（而不是通过调查问卷而产生的泛泛了解）客户的需求。他发现，好多势不可挡的产品，最初出来的时候，不是问了上千个客户得出来的认识，而可能只是产品设计人的个人体验（样本规模为 1 人）。这种一个人得出的洞察，不亚于对千万人调查后得出的平均值。

苹果、戴尔、斯沃琪、沃尔玛，其发展势不可挡，就是因为它们分别在某个方面，得到了这种深刻认识。比如苹果公司产品就很有“势”。苹果还提供了一个平台，让开发人员在上面发挥。业内到处都是开发苹果应用程序一夜暴富的传闻，造就了一个个都市传奇。苹果商店里的音乐也是，0.99 美元一首，简直是论斤在卖。不过是几年前，Napster 还很红火，因为大家都想得到免费的音乐，谁会想到苹果会因卖音乐发达呢？其实没有人会专门去上网偷音乐，但唱片公司把价格抬太高了。人们买唱片吧，有时一张 CD 里喜欢的也不过是一首单曲。你让人花 15 美元买碟，或许对方更愿意花 0.99 美元买一首自己喜欢的音乐。就好比金山词霸，如果正版不过一二十块，谁会去下载盗版，害得自己的电脑一身是病呢。同理，如果有一两块钱的小软件可买，谁会花这闲功夫去破解呢？时间不是钱啊？苹果卖硬件，也是一个小应用、游戏、音乐的大卖场，作为卖场，它坐收渔利。将该公司推入这高速发展轨道的，是对客户心理的洞察，这种洞察，挠到了客户的痒处，或是避开了客户的痛处，由此产生的产品、服务能在市场领先便丝毫不奇怪了。

书中还有一说值得注意。作者建议大家少分析、多探索。在以前强调竞争战略的年代，人们很重分析，分析优势、劣势、问题、机遇，将现有市场、客户分析个底朝天，却没有半点主张，脱企业于困顿。分析能让你清楚你自己知道什么，但是未必能让你知道客户需要什么。这里 IBM 就是个例子。重倾听、重探索，此 IBM 之所以兴隆也。轻客户、重分析，此 IBM 之所以衰落也。20 世纪 90 年代初，IBM 认为它搞懂客户了，结果陷入了困境。新统帅路易斯·郭士纳上台后，决定少分析、多探索。作者认为：一旦你对客户的理解形成一个思维定势，你发展的势能就没有了。相反，必须对客户需求“如饥似渴”，那么机遇总是在你不看的时候，从你视野的盲点里突然跑出来。

书里很多地方仍旧是商学院的空话，且过度使用二元式矩阵，过度简化现实，但是不少例子倒是鲜活。要知道，这年头说道理听的人少，讲故事听的人多。例如：3M 的公司科学家阿瑟·弗莱在教堂唱诗班的时候发现，他原来用书签标出要唱的赞美诗，但是书签老是掉，当时就想，要是有一种标签能贴在上面不掉，但是又能够撕走，该多好啊。这个想法，导致了 3M 最常用的产品黄色即时贴的产生。这样一个个小故事串在一起，要比它的造势模式更能启发读者。只是商场变化莫测，今天还拿出来当例子讲的成功企业，明天或许就式微，要去申请破产。毕竟，我们生活在一个越来越不确定的世界。

大智若驴

从前爷孙去集市上卖驴，先是孙子骑着驴，孙子招骂，爷爷骑爷爷招骂，然后爷爷孙子一起骑爷爷孙子一起招骂，最后爷爷孙子把驴子用绳子捆了，拿扁担抬起来，人们更笑了，驴不胜怒，挣脱绳索跑了。这个故事的寓意是，你不可能讨好所有人。

但是这个故事里，有没有人考虑到毛驴的感受呢？请问驴是怎么想的呢？其实从故事上看，爷孙都是输家，唯有以静制动的毛驴赢了，跑了。

在中文里，没头发的混蛋我们骂“秃驴”，长头发的笨蛋我们骂“蠢驴”。而英文里，笨蛋统称 dumb ass，破马张飞的吊儿郎当之徒学名为 smart ass。其实我们是好是坏，是笨是聪明，关毛驴什么事？我们不妨再问一句，在听到这些骂名时，请问驴是怎么想的呢？

还别说，真有人在思考这个问题。

《大智若驴》（*The Wisdom of Donkeys*：*Finding Tranquility in*

a Chaotic World）这本书有一个非同凡响的标题：在纷乱的世界寻找宁静。历史上，武将骑马冲锋陷阵，很多智者则骑驴边走边瞧，如阿凡提、张果老、耶稣。耶稣进耶路撒冷的那天（后来所称的棕榈节），骑的就是一头毛驴。要是他骑马，呼啦啦一下子冲进去，倒真会让罗马统治者认为他是要来革命的弥赛亚了。你有没有想过，一个智者如果一直在健步如飞，风驰电掣，请问他用什么时候思考呢？

本书作者安迪·马瑞菲尔德（Andy Merrifield）生于英国利物浦，在欧美多个大学教书，教地理。他现在住在法国乡下，写书，包括哲学家传记。怪不得我看这本书，就仿佛是在看哲学普及。他从毛驴身上，说海德格尔的计算性思维和沉思之思，斯宾诺莎的永恒，圣经中驴和巴兰先知的对话，以及唐代诗人在毛驴上的道别。给人的感觉是骑着毛驴走遍书山，让读者骑驴看文本，走着瞧了。里头《唐吉珂德》、《金银岛》、《白痴》，一部部经典，信手拈来啊。这本书写得像散步，慢悠悠地，好像没有什么目的，想到哪里写到哪里，这也是它耐读的一个地方。

当然书根本还是说毛驴。作者自己有头毛驴，叫Gribouille，他经常会牵着毛驴跑，和小毛驴“对话”，或是享受各自的宁静。你可以对马颐指气使，但是对毛驴你只能耐心探问。毛驴在磨练他的耐性，也在磨练他在宁静中的修行。这个修行未必是要到达某个目的，因为宁静本身就是一种作者要去追求的境界。现代的社会万马奔腾，一个以驴为友的人，才能做到边走边看，用作者的话来说：Watch the world go by（看着世界在身边溜走）。

作者也曾经在纽约打拼过，当过“纽漂”。他曾经希望自己在《国家周刊》上写下封面文章后，功成名就，成为纽约上层人物：西区大道，我来了！就是这种功名心，如同火一样在心里燃烧。突一日，他猛然清醒过来，叫道：多么愚蠢啊！总想做一个不是自己的人，总是在玩别人的游戏。纽约在吞吃我的大脑！这不是一个保持自我的地方。你的眼睛里晃荡着太多成功。这种游戏想不去玩都不行。那里也没有什么毛驴，只有拖着马车的疲惫的老马。我就如同先知巴兰，急吼吼往前冲。我就如同《唐吉诃德》里的桑丘，一心要当小岛的总督！

他离开了这种生活，来到一人一驴的宁静乡下。有时候他在乡村，爬上山，那里的宁静如音乐一般，他看着自然之礼堂一般的草地，舒伯特的音乐在他脑海里响起。他看着草地上吃草的毛驴，在这样一个无人知晓的地方，是一种心灵的疗治，一种冥想。在这里浑然忘机，却又能发现自我。你可以一直看，看得如催眠一般，看得似乎上瘾。

我昨夜在院子里看这本书。这是一个热天，好在风很大，吹过竹林和松树，若不是开灯看书，头顶就是满天星光，在那一刻，作者说他在山顶看驴吃草感到的那种宁静，也越过遥远的空间，弥漫到我的身边。澳大利亚有句俗语，说你坐着看毛驴吃草的时候，你都能忘掉屁股下还有个凳子。我在看这本驴之书，看着看着，忘记了凳子上还有个屁股。

世上竟有此闲人，看毛驴看上瘾来。我想日后的“驴友”，与其背着包汗流浃背地做背包族，不如租头毛驴，慢悠悠地前行。人在旅途未必全是赶路，从一个目标到另外一个目标。人活着有很多事情可做，这么慢慢走也是一种。这一点毛驴都会，我们不会学不会吧？

村上跑步排毒

去年十月，去公共图书馆看书，看到一本《大智若驴》，作者说他坐在草地上看毛驴吃草，这简直是一种心灵疗法。一月份去公共图书馆借书，看到一本《散步是一门失传的艺术》，讲到如何通过散步来平衡自己的人生。三月份去公共图书馆看书，看到一本村上春树写的《当我谈跑步时，我谈些什么》。从坐，到走，再到跑，我很快推算出了五月份我会看到的新书，一定和飞行有关。

村上跑步书是一本很好看的小书，读起来很轻松。书中有时候充满哲理，有时候还有几分顽皮，有时候专谈跑步，有时候又扯点别的，如爵士碟片收藏啊。挺耐看的，这与你喜欢不喜欢跑步未必有关。村上引述了毛姆的一个说法：每一次剃须都是一门哲学。跑步这种看似机械的运动，其实也充满哲理，就如同你也可以将每天乘坐地铁上班变成一门哲学一样。任何一种庸常的生活，如果有一双发现的眼睛，就可以点铁成金，化腐朽为神奇。这庸常，你得学会如何去看，如何摇匀后服用，才会见效。否则，就是一场大戏摆在你面前，也不过是对牛弹琴，暴殄天物，神奇化为腐朽。要不就得把自己推向某种的极端，学会如何习惯性地脱离庸常，就如同村上那样。跑步既是庸常的（不需要任何器材，场地简单，也未必有无数人喝彩，只是一个人跑啊跑，一天又一天，外人根本看不到它的变化），又是一种极端（不断地让跑步者超越极限）。

梁文道将村上的跑步说成是“跑步修行”。这个修行不是“静修”，和传统东方文人喜幽好静的传统似乎格格不入。甚至可以说，作家跑步，似乎是一组矛盾。照传统的思维定势，人的禀赋似乎是个零和游戏——“四肢发达，大脑简单”，要不就像林黛玉那样的才女，最终成一病美人。作家路遥写《平凡的世界》呕心沥血，“早晨从中午开始”，写着写着，就如同风中残烛，摇摇摆摆，最后油尽灯枯。

传统上说，作家应该是什么样子呢？应该像我这样，住在一处有竹子的地方，家里摆一琴，屋后养几条鱼，然后“独坐幽篁里，弹琴复长啸。林深人不知，明月来相照”。我基本上已经拥有了这个环境，可是没有成为作家，命运将我打了几折，挥泪甩卖，让我成了网路上的写手，成了自媒体。现在，连自媒体都已经困难了，因为去年我的大拇指关节出现了问题，是关节炎。昨日一觉醒来，发觉又有了颈椎的毛病。我去看关节炎的时候，医生一个劲问我有没有一种“健康的生活方式”，比如“散步啊，慢跑啊，骑车啊”什么的，“你别跟我们美国人一样懒啊”。

所以，看到村上春树的跑步疗法，很受刺激。回头一想，这个“四肢”和“大脑”的零和一说并不成立，适量的平衡，我们是可以去做的。村上春树说他十几岁的时候，曾经跟大部分少年一样，面临过自信的问题，所以赤条条跑到镜子前，一条条看自己的不足之处，还写了个清单，可见他的先天条件，还不是最好的。可是后来为什么写作、跑步双丰收，成了一个文武双全，德智体全面发展的三好作家呢？

生命在于运动，健康在于折腾。不过保健、长寿可能只是结果，而不是当初的目的。说跑步是为了保健，可能只是最低的层次，你跟村上春树或是其它跑步者说这个问题，就好比你跟《妞妞》的作者周国平说养孩子是为了防老一样。并不是所有问题都需要将人降低到纯粹的生存层面去考虑。

这本书中介绍说，写作和长跑互为比喻，可以互相借鉴。比如写长篇小说和长跑，都需要专注，都需要忍耐，都需要心无杂念。这两种看似风马牛不相及的活动，其实是很相关的。村上春树跑步，并不是因为跑步很爽。跑步很苦。跑一回两回好玩，天天跑，这玩意就是苦修。他曾经问过一专职长跑队员，说他是不是每天都期待着跑步？那人盯着他看了好久，就像这是个不该问的白痴问题一般，然后说他当然不喜欢、不期待着跑步。但是他必须逼着自己去跑。这又是为什么呢？可能就是为了追求一种极端的境界吧。好多事情相反相成，苦到尽头，有可能会有甜的泉水涌出。而不走向极端的，不冷不热的状态，未必值得我们去庆幸。“你既如温水，也不冷也不热，所以我必从我口中把你吐出去。”（《圣经·启示录》3：16）对平常人来说，马拉松是一种很极限的运动。过了一定阶段，村上说他进入了一种境界。

最为重要的，跑步是一种排毒。这种排毒与其说是身体的，不如说是心灵的。当初村上春树卖掉爵士店，开始从事专职写作的时候，他面临一个选择。离开了一个日常经营的生意，没有了日常的作息，一头扎进写作，这就等于是一种自残的开始。别看有人说可以通过写作来治病（通过倾诉来治疗心理的疾病），更多时候，我发觉写作和其它很多艺术活动会致病，而不是“治病”。

艺术和危险的双重关系，现在已经成了艺术研究的正式话题。我有个加拿大朋友，一个玻璃雕塑艺术家，她的毕业论文写的就是“艺术中的危险因素”这个话题。她说艺术家总是要把自己往 edge 上推。edge 就是边缘、巅峰、极限，就是一种尖锐的生存状态。艺术家在一定程度上，是通过玩火的方式，获得创作灵感。村上春树说：“我基本上承认，写小说这工作并不健康。我们开始写小说的时候，我们通过写作来创造一个故事，不管喜欢与否，人性深处的某种毒素就开始浮出到表面。所有作家都要直面这种毒素，意识到当中的危险，并想办法对付它。”

他还举了个例子，说河豚这种鱼，肉最美的地方也恰恰最接近最毒的地方。艺术活动本质上说，有“不健康、反社会”的成份。当然，有很多作家“以毒攻毒”，选择颓废，或是像浮士德里说的那样，把灵魂卖给魔鬼，试图获取艺术上的唯美。但是村上春树指出了另外一条道路。他知道为了延续自己的艺术生命，可以选择一个更为健康的“排毒”方式，那就是长跑。这有点另类，可是从他硕果累累的一生（还在继续着）来看，这另类的方法还奏效了。

小说《大河恋》当中，儿子从外地读大学回来，父亲问他干什么，他说他去木材厂上班，父亲说，啊，是身体给大脑加油（body fuels the mind）吧？

剪刀·锤子·布

1781年，英国人康瓦利斯勋爵在约克镇向美国开国元勋递交投降书，此后两人就谁先离开发生争执，后来的解决办法是剪刀锤子布。日本一家公司要拍卖所收藏的所有印象派画作，苏富比拍卖行和克里斯蒂拍卖行同时竞拍，日本公司也不知道把生意交给谁好，便发电子邮件让两家拍卖行自己解决，并“建议使用诸如剪刀锤子布之类方法”。最后克里斯蒂拍卖行采纳一位高管的双胞胎女儿（十一岁）建议，出剪刀胜出。

这是最近在一本《剪刀、锤子、布》（*Rock*，*Paper*，*Scissors*）书上看到的一些趣事。此书作者伦恩·菲舍尔（Len Fisher）是个科普作家，他写的《如何泡面包圈》（*How to Dunk a Doughnut*）曾获美国物理协会最佳科普书籍奖，同时，这个“泡面包圈最有效方法”使他获得了“搞笑诺贝尔奖”。如果“搞笑诺贝尔奖”评审委员会等一等，没准会将奖授给他这本新书。那么颁奖词应该是这样的：表彰菲舍尔博士用剪刀锤子布的方法，解决了七种著名困境下优化决策的难题。

但事实上，一些决策困境，如果能有解脱的方法那也就不叫“困境”了。书中介绍的关于华盛顿和拍卖行用剪刀锤子布定胜负的事实，没有让我有很大收获。剪刀锤子布的游戏当中，完全没有一个一定会得胜的法宝式策略，胜败几乎都是随机的。但是我也发现，男人和女人一起玩的时候，男人出锤子的比例更高一些。

这本书是想介绍一些游戏（博弈）的法则和思维，借以解决人与人之间合作的问题。儿童时代的游戏，是成年后各种人际交往的原型。换言之，成年后的各种交往、合作、冲突，简单化了还是各种游戏。各种游戏都有特定的规则，胜了会得到不同的奖赏，输了会得到惩罚，不按规则也会受到相应责罚。有时候同一件事不同的参与者其实是在玩不同的游戏，所以才会出现各种莫名其妙的争端。在游戏或者说博弈当中，有一些结果是随机的，但也有一些策略，用好了能帮人走出困境。比如书里介绍的一个游戏，切蛋糕，作者的办法就很管用。一般情况下，父母切蛋糕给两孩子，如果两个都不是孔融式的好孩子，那总会有一个说分少了。怎么样造成一种“没有妒忌的区分”呢？办法是让两个孩子一个切，另外一个选。切的人如果大小不一，那么最终有可能自己倒霉。这个原则被用来解决了很多公海纠纷。发展中国家和发达国家发生公海海域纠纷，联合国就用这种“你切我选”的办法，确保尽量公平。夫妇离婚瓜分财产，也常常使用这个办法，因为是一个人分，另外一个人选，偏心的做法有可能导致自己倒霉。

书里还有个例子很有意思，说过去一些一夫多妻的部落，一个人有两个妻子，丈夫死后，大老婆坚持说自己应该拥有丈夫的全部财产，小老婆说自己拥有一半财产，结果部落长老的判决法为 75%：25%。遵循的原则，用本书里的说法是“争议部分均分法”。小老婆的那一份（50%）是有争议的一部分，所以平均下来是 25%：25%。再加上原来没有争议的部分，结果就是 75%：25%。

现在请数学水平比较高，且又喜欢思考更多可能性的朋友再看如下这个更复杂的问题：一个人有三个妻子，他死后三个妻子分别认为自己该得 100、200、300 块钱的财产，结果发现丈夫的财产只有 200 块，部落长老的分法是 50 块、75 块、75 块。根据诺贝尔奖获得者罗伯特·奥曼（Robert Aumann）的说法，这个貌似荒唐的分配，居然是最合理的分配，请根据“争议部分均分法”的原则给出说明。这个我一直没有想通，幸亏没有遇到如此复杂的问题，否则真还扯不清。

你或许会说，一夫多妻制度真的不好，在财产问题上会伤害多少脑细胞啊。可是一夫一妻制下的财产问题未必就是小菜一碟，参见电影《双重保险》（*Double Indemnity*）相关介绍。当然，这些都是题外话，与本案无关。

那么还有什么办法能促成合作，缓解争议呢？作者在书中也提出了一些很实用的建议，例如：

再拉一个人进来。这个道理不好解释，但是例子倒俯拾皆是，比如作者说他家里出现各种矛盾的时候，往往姨妈一来，问题都解决了。不是姨妈来了解决问题了，而是姨妈成了新的矛盾的焦点，所有人都转而对付她了。

设法造就“风水轮流转”的局面。比如你对某人的孩子不好，但有朝一日你的孩子可能落在他的手上，于是你会采取完全不同的态度。在这种情况下，如果“都要还的”，那么“己所不欲，勿施于人”，双方就更有可能达成协作了。

大组划分成小组。让一大群人达成合作很难，如果将一大群人分成小组，在小组之间达成共识可能比较容易些，我想这其实就是各个击破。但是另外一个两难的局面是，划分之后，在不同小组之间达成合作更难了。

此书可能很讨学逻辑和数学的人喜欢，可惜很多地方我似懂非懂，所以只能说些皮毛。但是这里的一些浅显原则我倒是学会了，尤其是“争议部分均分法”。我记得以前和朋友汪教授合伙做生意，理论上他欠我一百万块，但他矢口否认，说一分钱不欠。根据“争议部分均分法”原则，我们争议的部分是一百万，平均下来……请汪教授速支付我 50 万。

麦克卢汉论媒体

麦克卢汉是加拿大埃德蒙顿人。不知道是不是因为那里太冷了，麦克卢汉连媒体也分为冷热。热媒体是高清晰度的媒体，如照片。冷媒体则是低清晰度的媒体，如漫画。有趣的是，反倒是冷媒体，受众的参与更多。如今的存储空间越来越大，媒体的清晰程度越来越高，从文字，转入图片，再到视频，越来越“热”，可是参与的程度越来越低。这是为什么呢？

人总说一张照片抵得上一千个字。可是大家也可能注意到，好的文字，一个字也可能抵得过一千张照片。因为当高清晰度的照片放在你眼前的时候，你的想象就被扼杀了，你对某个人的印象就成为成见了。在这读图时代，你一想到悟空就想到六小龄童，一想到和珅，眼前晃荡的就是王刚的那张大脸。图片成功地绑架了你的印象，叫你看见之后，即使把头摇晃如拨浪鼓，这些印象也不走。如有可能，大家千万不要在看完《红楼梦》小说前去看电影电视版《红楼梦》。因为曹雪芹在你头脑里唤醒的想象，一见到图像，就统统蟑螂死光光。

图像也会禁锢无限。这就是犹太教、基督教都反对偶像崇拜的缘故。那撒玛利亚女子在井边问耶稣如何拜上帝的时候，耶稣告诉她：神是个灵，得用心灵与诚实去拜他。假如当初的教徒给耶稣制定一标准像出来，恐怕代代相传更为艰难。不堪承受的读图之轻。

《理解媒体：人的延伸》（*Understanding Media*）出版四十多年后，我觉得麦克卢汉还没有打破人的成见。直至今日，还有很多人狂热地认为，教学当中越多媒体越好，越是一堆图形录像越好。以至于第二人生（Second Life）出来后，很多学校跑去追捧，因为它在一定程度上再现了模拟的现实，比较高清晰度。可是由于教学目的的不同，在媒介、信息、方法之间，必须进行灵活的组合，并不是越热越好，而是该冷的冷，该热的热。比如商学院的案例分析，我觉得文字版本要比一个有声像的模拟好得多。

不同媒介的语法是十分不同的。在卡特、福特的总统电视辩论之后，麦克卢汉上《今日秀》痛批带讲稿的辩论是如何不适合电视辩论这种媒介。

麦克卢汉创造了两个如今我们所有人都知道的概念，一个是“全球村”，一个就是“媒介即信息”。生活在电器时代，他给出的比喻是电灯，电灯本身就是媒介，可它也是内容，从这个比喻上看，内容和媒介是分不开的。在信息时代，他所说的一切虽显得极端，但仍旧启发思考，虽然我们的媒介已经截然不同。

电灯、霓虹灯这种“媒介和信息”的合一，确实是个强大的比喻。彪悍的比喻，只有用另外一个彪悍的比喻才能打败。几年前，我看到了另外一个“载体”比喻：假如卡车运蔬菜来，你吃了身体健康，你的营养难道来自卡车？这个比喻总算和“媒体即信息”打成了一比一平。

新写食主义

这本书我怀疑不会被引进到国内，就是引进了也未必有多少人看。你吃玉米我吃饭，你吃牛来我吃猪，你喝苏打我喝汤，大家饮食结构不尽相同。不过写作套路很值得借鉴。

它是一本美国版的“写食主义”，只是面向的是萝卜白菜的大众。沈宏非的写食是美食家的闲谈。朱伟的写食是文学家的书袋。各有各的写法，各有各的读者。

相较之下，迈克尔·波伦（Michael Pollan）的写食倒真是在写“实”了。哪怕这要求他把食写丑。他写食之美，写现代人在食物上所享受到的前人无法企及的赐福。可是他也敢深入加工过程中，直面淋漓的鲜血和冲天的腥臭。在饲养场臭气熏天的牛粪中，他念天地之悠悠，独怆然而泪下：“站在这里，我无法想象以后再去吃这些肉，这些蛋白质机器一般的肉了。我的饥饿感全然消失了。可是随着时间的流逝，等我鼻孔里不再闻到这些臭味的时候，或许我又要开始吃这些牛的肉了。吃这些加工肉类真需要两眼一黑，像英雄那样去吃，要不像我现在这样，努力将已知的忘却。”

这本《通吃：杂食者的困境》（*Omnivore's Dilemma*），从我们面前的饭菜开始，往纵深里挖掘，刨出我们日常饮食的来龙去脉。美国国粹不多，民俗不少。其文化很宝贵的一点是关注周边的生活。在孩子们经常看的《罗杰斯先生的小区》节目中，罗杰斯先生就经常带孩子参观各样的工厂、农场、消防队，让孩子们知道自己的生活是如何和他人生活息息相关。仅仅是背诵“谁知盘中餐，粒粒皆辛苦”，怕是难有这种深切的理解。

养成探究的习惯后，有一个好处，就是可以去了解影响你生活的这些产品经过哪些渠道来到你的面前，可能会在哪些环节上出错。如此，面对现象的时候，思路就不止步于现象，或者是对现象的不公一通瞎骂，而是去顺藤摸瓜地去查找问题症结。

不过我承认，有时候你找到了问题也没有办法，甚至更糟糕，不如闭着眼睛瞎吃。

Omni 意思是“全部”和“所有”，omnipotent 为无所不能，omniscient 为无所不知，那么 ominvorous 则为无所不吃，ominvore 为荤素都来的杂食者，通吃者，如我。与其相对的是挑食的人，如各种各样的素食主义者。对一个无所不吃的通吃者来说，美国饮食可分三大类：工业类（industrial）、田园类（pastoral）、森林类（the forest）。

我们这里只举一个例子。工业类（industrial）作者只写了一个话题，那就是玉米。玉米的用途非常之广泛，就如同我们的大米。玉米可吃，可做成玉米油，可喂牲口，可加工成添加剂，它甚至可以变成一种新能源，替代石油。盛产玉米的衣阿华州州长曾经说：你看吧，这里就是美国的科威特。

作为食物的玉米分布于我们食物链的各个环节。在追踪这个食物链的过程中，就免不了要讨论美国“三农问题”。波伦专程下基层到衣阿华蹲点，和玉米农乔治·奈勒一起播种 470 公顷的玉米。由于机械化作业，一个农民种植 470 公顷玉米不在话下。他这样种玉米，一个人可以喂饱 129 个美国人。这并不新鲜，以前常听说。可是我没有听说的是，美国农民也一样喂饱不了自己。他种植玉米的成本，一磅可能要 2.5 元，到了收购的时候，美国的粮站只给 1.5 元左右，其余的部分得依靠政府补贴。这里也有个剪刀差问题，不同的是美国政府有农业补贴给农民，以维持其产量。农民有时候也没有办法，光靠补助支持不下去，明明拥有良田万亩，大地主一个，却要宣布破产。

市场怎么会支持这种越种越亏的行为呢？粮食这种东西和一般产品不一样，并不完全受供给平衡这种市场规律的影响。人们并不因为粮食便宜就多吃，因为它贵就少吃。

再者，丰歉的预测并不容易。现在氮肥替代了一部分阳光，农药代替了一部分小鸟，天公不至处稍有人工补，给食物的供给增添了很多稳定因素。即便如此，农业的本性还是多变的。种植者并不能对未来一年甚至几个月后的市场作出准确的判断，否则也不会有农作物的期货。换句话说，你不去种植，他人照样去种植，无法降低总的产量。而你不种，或者少种，你就失去了现金流，哪怕是单位成本高昂的现金流。这不光是一笔经济帐，也是一个心理仗。不用说，对种植者来说，这是恶性循环，种植给社会带来的益处，多半为流通的其它环节所得。不过现在的玉米，越来越多用于能源用途，可能会缓解这种成本收益倒置局面。

这一切对食品加工行业来说都不是大问题。有足够的玉米供应，工业组织会很开心。老友 Tsunami 供职的 General Mills，可以用价值 4 分钱的玉米，加工为卖 4 块钱的早餐。鉴于该行业的暴利，作为补偿，下次 Tsunami 和我见面的时候，他必须奋不顾身地请我吃饭，以减少内疚感。

General Mill 的人员对波伦说，食物配方并不能申请专利保护，所以他们也只能希望自己新出来的谷类早餐能领先于对手几个月，在这几个月期间，他们狠狠地做广告，刺激消费者购买，其研发人员再去狠狠地思考新的品种。食品行业大多是这么回事，比如方便面。单纯的原材料，可能对我们更健康，比如玉米，可是张三的玉米和李四的玉米很难区隔。张三把玉米加工成速食早餐，添加好看的颜料，些许钙质，再请张曼玉做个广告，张三的玉米就不是这个原来的价格，也就可以和他人的玉米区分开来了。这就是杂食者的困境之一，我们能接触到的，未必全是对我们最健康的食物。我们消费的，大多不是我们身体之所需。

书中还提到了玉米的其它用途，比如酿酒。不过这书并非关于玉米或者任何食品的科普著作，而是一本通俗的食品社会学作品。饮食和我们的生活状态大为相关。美国胖子这么多到底是为什么？从饮食结构上看，1 块钱能买 1200 卡路里热量单位的薯片，却只能买 250 卡路里热量单位的牛肉。能买 875 卡路里热量单位的苏打水，却只能买 170 卡路里热量单位的果汁。这能够解释为什么这里穷人中胖子更多，却也一样说明了食物链上什么产品能够帮助我们最快地得到能量，衣阿华大量生产玉米，而不是大量生产花生，恐怕也正是这个道理。其实理想的种植，应该是同一块土地不同年份换种不同作物，另外让土地隔几年休耕一次，土地也要休息。可是这个州食品的下游产业，全部适应了玉米、大豆这些作物。你当然可以种 470 公顷西瓜，可卖给谁呢？

由于玉米是一种工业利用效率最高的作物，我们这些杂食动物就又遇到了一个困境：我们貌似无所不吃，但是吃来吃去，吃的都是玉米或者玉米的子孙或者表子孙。廉价的玉米被加工成饲料，喂给鸡、牛吃，不过喂鸡更合算，如果说鸡吃一磅玉米长一磅肉的话，牛吃两磅玉米才长一磅肉，所以鸡肉便宜牛肉贵。说到此，我看了一下我的午餐，这是一份我从超市买来的包装食品，里头有一块牛肉，一些玉米，这么说来，全是玉米。我食故我在（We are what we eat）。我压根儿没有搞清楚李宇春是怎么回事，就这么稀里糊涂地成了会走路的玉米。

管理经验中国造

从前有两个印第安人问巫师："今年冬天会不会冷？""一定会，"巫师回答说，"你们最好多准备些木柴。"

一连几个星期，巫师都这样回答求教的印第安人。一天，他终于心虚了，悄悄打电话去问气象台。气象台一位专家说："今年冬天一定会冷的，你看，那些印第安人在疯狂地收集木柴呢。"

在看《中国制造》（*Made in China*）这本书的时候，不由联想到了这个笑话来。管理学作为一门学问，发源于西方，所有学管理的人，大概都听过不少西方企业管理的故事，人们说起GE、沃尔玛、星巴克……平衡记分卡、核心竞争力、战略规划，个个头头是道。人们四处取经，众里寻他千百度，蓦然回首，那人却在灯火阑珊处。那气象台专家一般的本书作者唐纳德·萨尔（Donald Sull）说，"今后管理一定要抓大放小，你看，那些中国公司在这么干呢。"

出现这样一本书一点都不奇怪。战后日本工业崛起，在一些日本企业成功打入美国市场后，美国也是在琢磨日本企业为什么成功。中国的发展尤其迅速，而且发展过程西方人根本一无所知。相信很多垂涎中国市场的人都很想知道这边到底发生着什么。

作者唐纳德·萨尔原为麦肯锡顾问，后任哈佛商学院、伦敦商学院教授，并给多家商业企业做顾问。他 1999 年开始了一项针对新兴市场的研究，力图破解在这些新兴市场的成功之谜。他自己对中国的了解有限，于是雇了一些本土咨询公司，帮他开展研究。研究用案例分析的方法，从数家中国企业身上，寻找西方经理人可以汲取的经验教训。

此书虽立足中国，却是试图将结论应用到更大范围之内。此书写作过程中似乎是在同时考虑着三大读者群：一是试图了解中国企业管理的人；二是试图了解新兴市场的人；三是希望学习中国经验，但无意在中国或者任何新兴市场发展的西方经理人。巴西、俄罗斯、印度、中国等新兴市场的发展现在被很多人关注。如今有巴俄印中，东欧越南。有朝一日小金同志扔个飞弹掉下来把自己给砸死了，朝鲜也会成为新兴市场。

对西方人来说，它们不过都是“新兴市场”，他们以为一个市场的经验，可以应用到另外一个新兴市场。可是巴西和中国的差别，就如同日本和美国一样。因此此书这方面的诉求，肯定是要失败的。不要以为鸡兔同笼，那么大家都长四条腿，或者都会下蛋。

然而本书所要针对的第三类读者，或可收益良多。西方的管理思维，过于线型，过于看重分析，过于强调规划。这也是发达市场的环境使然。在发达市场，政策、法规、商业各方面环境相对成熟，分析对了，规划好了，经营中不会出现多少惊奇。而在中国的环境下，“傻子”年广久式的大起大落司空见惯。搞企业如同坐过山车，忽而上，忽而下，这使得中国的创业和经营很不确定。如何在不确定的环境下生存发展呢？

怕是不能运用战略规划了。西方式的战略规划是一种瀑布式的一层一层下来的规划过程。事实上，有人做过 28 年的追踪研究，结果发现战略规划和企业财务成功之间毫无联系。一种可能是规划本身不正确，另外一种可能，是战略规划和实际行动脱节。无论是哪一种情况，中国人的做法都有很多值得借鉴。比如中国人并没有繁复的战略规划过程，很多决策是当机立断地拍板，结果成功抓住机遇，获得非凡成功。康师傅方便面的成功就是个典型的案例，该公司的老板不过是坐火车时候灵机一动，看到了一个商机，随即展开行动，并避开了早期高价食用油的失败教训，大获成功。这中间并无复杂的市场调研和分析。

西方在分析方面是很有一套的。绩效技术专家乔·哈里斯（Joe Harless）曾言，“一两分析不亚于一斤目标”。也就是说，在制定目标前，必须进行分析。分析得当，就会对症下药，事半功倍。所以我们后来才会看到诸如 SWOT（strengths，weakness，opportunity，threat）等各种分析的模式。在诸如萨尔这样的管理顾问向我们兜售 SWOT 的同时，他们也在向西方管理者兜售中国的“拍脑袋”。不知道有人想起赵本山的《卖拐》没有？把双腿健全的人给忽悠成“瘸子”，然后把拐杖卖给他，换来自行车，然后再把自行车忽悠给双腿残疾的人。在中国呆过的管理顾问都是这种卖拐高手。

但是话说回来，我们确实也要承认，过度分析确实有其不足。周围的环境瞬息万变。空战中，两架战机在空中对峙，你在瞄准对方，对方也在瞄准你。你在动，对方也在动。这其实就是博弈。你的竞争对手不会是一只死鸭，躺在那里让你去打。这正是不确定市场给管理者带来的巨大难题。

作者从中国企业身上总结出了一个新的管理模式，就是所谓的 SAPE 模式。SAPE 分别代表感知（sensing）、预见（anticipating）、优先（prioritizing）和执行（executing）。后三种并无新意，前面的第一阶段用了“感知”而不是一层层的分析，让人耳目一新。当然，对中国人来说，这一点都不新鲜。我们都习惯了拍脑袋的决策。我们也都熟悉摸着石头过河。我们有时候甚至为我们这些行事的方式感到难为情，因为它们“太不科学”了。可是，谁说“科学”的方法，就一定能够造出一个水晶球，让我们看见未来呢？这完全是一种自负。实际的未来，像雾像雨又像风，谁也无法知道。瞬息万变之中，需快速感知。关于这种快速感知，作者从王志东最初的创业开始，用新浪网作例，说明新浪是如何快速行动，攫取了一个个“黄金机遇”，比如新闻门户，短信业务，其实还有如今的微博和博客业务。新浪如今看起来十分可憎，可是不得不承认，在商业决策上，它的行动确实果断快捷。这种感知，打破了西方由 A 及 B 的线型思维定势，要管理者更为动态地看待市场和组织。

本书的主体部分，都是以案例开始，然后将话题生发开去。书中的案例包括大家都熟知的一些企业，如联想、新浪、海尔、格兰仕、UT 斯达康、亚信、娃哈哈、顶新。每个企业都印证了作者分散在如下各章的一些结论。第二章以新浪为例，说明我们无法预知未来。第三章以打入大陆的顶新（名下有著名产品康师傅方便面）为例，说明实地侦查之必要。第四章以联想打败长城为例，说明在不确定环境下，如何更快更灵活地应用 SAPE 周期战略，超越对手。这几个章节基本上是在以 SAPE 为框架，说明在不确定市场进行管理所要遵循的基本步骤。

第五章以海尔为例，说明企业如何发展灵活的层级关系。这一章暴露了管理上的一个悖论。不久前，人们还在呼吁企业要扁平化，要尽量减少中间环节。可是作者发现，层级式管理在海尔也行之有效。难道是扁平化的说法错了？管理要采纳民意，可是书中也说张瑞敏是个霸气之人，难道是民主决策错了？都不是，其实就如德鲁克所言，管理（management）的第一要素乃是 man，是人。人是多样的，那么管理模式就不可能整齐划一，除非管理者或者被管理者是死人。

海尔的案例还让人想到了一个真正的中国优势，就是中国人很擅长管理优先事项。我们说我们抓大放小，集中力量办大事，这都是中国的宝贵经验。作者分析说，张瑞敏的做法是集中决策，灵活执行。高层对重要事项的决策说一不二，下面执行起来非常灵活。然而绩效考核又有严格、统一的标准，使得中层虽灵活却又不失方寸。

第六章以格兰仕为例，说明企业如何动态地管理关系。这一章没有什么新鲜。西方人研究中国“关系”的论述早已汗牛充栋。有的不说关系，说“网络”，“社交网络”，这都与我们概念中的“关系”出入不大。所谓“关系”其实弊大于利，更像糟粕，而非精华。做生意也好，做人也好，简单直接有什么不好？就如同我们看西方有时候会误把其缺陷当优点一样，西方人谈中国，也会隔靴搔痒。不过此书为英文书籍，面对英文读者，这样更容易被他们接受。

本书后面部分乏善可陈，与其说它们在介绍中国经验，不如说作者在阐述个人的管理见解。大部分管理书籍其实都是这样，可看之处不过两三章节，其它部分则属观念的延伸。作者关于中国企业经验的话，书写到一半的时候，就已经说完了。出于同样的担忧，我这书评不能接着再写了。

如何增加影响力

这些年在美国，我一直做课程设计，主要服务对象是大学老师。我试图让他们使用教育技术或是改变教学方法，提高教学成效。但一来不是本地人，又和老师无上下级关系，经济上无瓜葛，他们中很多人已经是终身教授……总之，他们有大批量理由不买账，我的工作不大好做。最后发现，改变他们只有一条路，那就是施加影响而非压力。美国人动辄称领导力，但在很多位置上，伸张“领导力”可能还招人厌烦。不如考虑如何随风潜入夜，润物细无声，施加影响力。

后来看到一本《影响者》（*Influencer: the new science of leading change*）的书，颇受启发。书中说，我们有正面、积极的方法影响他人。这种影响的能力，未必是传说中那种与生俱来的领袖魅力（charisma）。我们可以借助对人性的深刻理解，在实践中蓄意修炼出这种能力来。

很多人试图影响他人，下策是利诱、威逼、恐吓、惩罚，或是利用职权、地位或辈分，强压强推。普通人之间，例如父母对子女，影响使出的杀手锏不过三样：唠叨（nag）、内疚

(guilt)、威胁 (threat)。这些做法是中策，是利用人性的恶，比如人总是趋利避害，不想被人聒噪，不希望担负内疚，害怕遭受惩罚。这些方法会把人心中不好的东西激出来。学琴的孩子为了不让父母唠叨，会在房间播放演奏录音。为了对付内疚，人们会想法设法怪罪他人。为了对付威胁，人们会两面三刀：只要日子过得去，混一时是一时，当面说一套，意见先自己窝着，遇到“安全”的场合（包括家里）就大倒苦水。唠叨、内疚、威胁这些方法灌输的是负面信息。利用人性恶达成目标，短期兴许有效，长期则无效甚至反效。

影响的上策是什么呢?《影响者》一书列举了“六个影响力因素”，包括个人激励、个人能力、社会激励、社会能力、结构性激励、结构性能力。“魔鬼在细节里”，在具体论述、论证上，我收获良多。这里仅根据自己的收获稍作总结：

1. **形塑“关键行为”**(vital behaviors)。关键行为指的是那些有杠杆作用的行为。泰国解决艾滋病问题就是一个很好的例子。1988 年，阿杜德大赦天下，释放了三万囚犯，打开了潘多拉盒子，把原本只存在于监狱中的艾滋病问题扩散到全社会。到 1993 年，泰国约有上百万人得了艾滋病，其中很多是通过性工作者传播。泰国卫生部门开始的方法是培训，企图让公众认识到问题的存在，调整态度，改变生活方式，收效甚微。后来卫生部的官员维瓦博士（Dr. Wiwat）发现了传播的关键行为，乃是性交易中没有戴安全套。他开始把工作重点转为让性工作者戴安全套作业，此后艾滋病患病人数急剧下降。理想状况下，我们解决问题总是寻求“治本”之策（比如减少卖淫行为），这得解决人们的认知、理解甚至信仰问题，解决了这些问题，还得看能不能转化为行动。这一切周期都很长，效果也难说，有时候不如打蛇打七寸，找到突破口（别名“关键行为”）。看到收效再去治本，你在试图影响的人中间说话会硬气很多，做事往往更为容易。

2. **用目标矫正行为**。如果目标模糊，缺乏吸引力，就不会引导人们的行为。现在很多组织都有“愿景”、“使命宣言”，但大多写得非常抽象，对人毫无吸引力，往往沦为墙上的摆设。2004 年 12 月，美国医疗改进协会总干事唐·博维克在发起医疗改进倡议时称：“我们必须到 2006 年拯救 10 万生命，我们应该在 2006 年 6 月 14 日之前完成这个任务，最后期限是早晨 9 点钟。”这个目标和完成时间无比随机，但神奇的是，由于指令明确，最终顺利完成。

3. **让人反恨为爱**。要让人去接受他们冷漠甚至反感的东西，需要提供多种选择。一个人有得选的时候，你试图影响的东西就不会显得是在强推。比如你不想让孩子回家吃不健康的零食，而家里只有薯片没有别的，如何只靠抑制食欲来解决问题？如果增加一些胡萝卜、水果让孩子有得选呢？这就调动了人性良性的一面。如果是因为不熟悉而缺乏动力，不妨让人亲自动手去尝试，用故事去表演出你要达成的效果，甚至采用游戏的方法，潜移默化地提高认知水平。

4. **改变人不如改变空间或者事物**。我们做教育的人，往往对于人的可塑性寄予厚望，总指望通过教育、说服等手段，改变人的思维方式。但人的思维改变起来往往最难。书中有个非常出色的例子：二战后，大批美国军人复员工作，比如进入饭店当厨师，这使得战时厨师部分被转岗为服务员。这些新服务员对工作变化牢骚满腹，把厨师当出气筒，递点菜单时看到厨师速度慢就出言不逊，而厨师为了报复则磨洋工，以至恶性循环。后来美国饭店业协会请来了芝加哥大学教授威廉·怀特，怀特发现是双方的接触造成了摩擦，于是他发明了一个点菜转盘，让服务员把点菜单收上来后放到转盘上，厨师从转盘上取。这个改变立竿见影，矛盾减少了。我们常提风水，美国人则非常讲究空间设计。比如什么样的空间设计便于增加员工接触和思维碰撞，什么样的空间设计能够减少摩擦。这些改变和调整，往往能迅速提高绩效，改善关系，同时又不伤害任何人。婆媳矛盾问题，常被人认为无解。但美国的房型设计中，有一种就是“婆媳型”（in-law plan），也就是在空间设计上，刻意将双方隔开，让偶尔来住的老家人，尽量在自己的空间里，比如在离主人房最远的位置，有自己的卫生间，减少双方“抬头不见低头见”的机会。

5. **将隐藏的东西显出来**。凡是能说出来的问题，一般都还比较好解决。难解决的，反而是各种“潜规则”。有时候我们需要把不合理的潜规则，用合理的方法明确出来，这样就可以让其被新的、合理的规则取代。比如某医院有两种医用手套，一种比较昂贵，某些特殊场合需要使用，另外一种比较便宜，通常情况下都可以使用，且效果一样。医生护士平时都忙，对使用哪种手套用心不多，往往顺手选昂贵的那种。自从医院标出两种手套的价格之后，选择便宜手套的就多了。这是调用了医生护士愿意为本单位开源节流的善意。如果你的某个合理方案没有被人采用，或许先不要责备人们不自觉，而是自我询问一下，你的设计本身，是否便于人们选择合理的方案？

6. **动用影响力人物**。《创新的扩散》作者罗杰斯在职业生涯早期，曾受托去跟农民宣传一种改良的玉米种子。但他自己去传播，遭到农民的抵触，又找了位新潮农民来帮他，结果还是惨败。因为新潮农民在社区是另类，得不到其他农民的认同。罗杰斯后来发现，那些“意见领袖”往往不是“创新者”，而是“早期多数”（early majority）。借助这些人的传播，效果会好很多。想施加影响，一定要找对这些人。另外，我们自己也要以身作则，如甘地说的那样：把我们希望看到的变化行出来。有时候甚至要牺牲自己的时间、金钱、面子、个人的优先次序，才能赢得人心，让人追随。

书中还有如何改变个人能力、态度，利用社会影响提高绩效的很多好办法，值得钻研。大部分人都需要去影响他人，包括我们的子女、配偶、长辈、学生、同事、领导……但长期发挥影响，还是需要我们为人真诚，而不是琢磨着怎样捞一票就跑。真正具有影响力的人物，一定善于调动对方的善，而不是激发人心的恶，否则的话，我们说的就不是影响了。忽悠和权术满大街都是，却不是个人安身立命之本，亦非组织长治久安之计。